PROMENADE

EN

AMÉRIQUE

PAR

J.-J. AMPÈRE

DE L'ACADÉMIE FRANÇAISE

PRÉCÉDÉE D'UNE ÉTUDE SUR J.-J. AMPÈRE

PAR

C.-A. SAINTE-BEUVE

DE L'ACADÉMIE FRANÇAISE

NOUVELLE ÉDITION

ILLUSTRÉE PAR LES PRINCIPAUX ARTISTES

PARIS

MICHEL LÉVY FRÈRES, ÉDITEURS

RUE AUBER, 3, PLACE DE L'OPÉRA

LIBRAIRIE NOUVELLE

BOULEVARD DES ITALIENS, 15, AU COIN DE LA RUE DE GRAMMONT

PROMENADE

EN

AMÉRIQUE

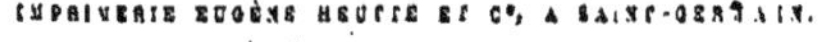

IMPRIMERIE EUGÈNE HEUTTE ET Ce, A SAINT-GERMAIN.

PROMENADE

EN

AMÉRIQUE

PAR

J.-J. AMPÈRE

DE L'ACADÉMIE FRANÇAISE

PRÉCÉDÉE D'UNE ÉTUDE SUR J.-J. AMPÈRE

PAR

C.-A. SAINTE-BEUVE

DE L'ACADÉMIE FRANÇAISE

NOUVELLE ÉDITION

ILLUSTRÉE PAR LES PRINCIPAUX ARTISTES

PARIS

MICHEL LÉVY FRÈRES, ÉDITEURS

RUE AUBER, 3, PLACE DE L'OPÉRA

LIBRAIRIE NOUVELLE

BOULEVARD DES ITALIENS, 15, AU COIN DE LA RUE DE GRAMMONT

1874

JEAN-JACQUES AMPÈRE

I

Une Étude sur J.-J. Ampère, ce littérateur polygraphe et complexe, cet esprit trois fois distingué, dont la valeur individuelle est si intimement liée aux maîtres, aux amis, à toute la génération qu'il représente, et à l'ensemble du mouvement intellectuel de son époque, une telle Étude exige un premier coup d'œil et un aperçu qui embrasse rapidement le progrès antérieur et l'état de la littérature comparée en France au moment où il y intervint, car Ampère, à son moment, a peut-être été le critique et l'historien le plus curieux, le plus à l'affût et le mieux informé des littératures étrangères, le plus attentif à les interroger et à nous les présenter dans leurs vivants rapports avec la nôtre. Il s'est intitulé en quelques-uns de ses livres *le critique en voyage*: littéralement ou au moral, il l'a été de tout temps.

La branche d'étude qui est comprise sous le titre de littérature comparée ne date en France que du commencement de ce siècle. On ne saurait, en effet, ranger sous ce nom les modes successives et les invasions de littératures étrangères, italienne ou espagnole, qui signalèrent la seconde moitié du XVIe siècle et la première du XVIIe. On lisait les auteurs d'au delà des monts, on les imitait, on les copiait avec plus ou moins de discernement, on les citait parfois avec à-propos; mais il ne se faisait point à leur sujet d'examen ni de comparaison critique. On ne saurait contester cependant que des littérateurs instruits et consommés, tels que Chapelain, Ménage et l'abbé Regnier des Marets, ne fussent sur la voie d'une juste comparaison à établir entre la littérature française et les littératures du midi. Dès la fin du XVIIe siècle et au commencement du XVIIIe, ce fut dans l'école et la postérité immédiate de Racine que s'annoncèrent les premiers signes d'attention donnés à la littérature et à la poésie anglaises. M. de Valincour estimait les beaux passages de Milton à l'égal des plus belles scènes de l'*Iliade*. Racine fils faisait entrer dans ses *Réflexions sur la Poésie* l'examen du *Paradis perdu*. Voltaire enfin, le premier, inaugura véritablement chez nous la connaissance de la littérature anglaise; mais c'était surtout les idées qu'il avait en vue, il s'en emparait et s'en servait comme d'une arme dans la lutte, comme d'un instrument d'inoculation philosophique, bien plutôt qu'il n'y cherchait matière et sujet à une comparaison impartiale et critique. Aussi, après une première et rapide information de Shakspeare, passa-t-il vite à l'impatience et à la plaisanterie. Le Tourneur, et cette école d'humbles traducteurs estimables, contribuaient plus efficacement à préparer les esprits à une connaissance étendue des ouvrages d'outre-Manche; mais ces traductions elles-mêmes n'osaient tout rendre; on hésitait, on reculait devant les originaux; on avançait bien lentement, et en ce qui était de l'autre côté du Rhin et de l'Allemagne on en ignorait tout : Grimm et le grand Frédéric, c'est-à-dire les plus Français d'entre leurs compatriotes, suffirent longtemps aux Parisiens comme échantillons uniques. Ce ne fut qu'au sortir de la révolution qu'un genre de curiosité purement intellectuelle, le besoin de savoir ce qui se pensait et s'écrivait au dehors, vient s'emparer de quelques esprits studieux, bien isolés dans le principe et se tenant tout à fait à l'écart de la littérature en vogue et des académies. Charles Villers, Benjamin Constant, et d'après eux madame de Staël, donnèrent les premiers l'exemple de cette noble curiosité intelligente. Sismondi, pour sa part, dans ses cours professés à Genève, y aida; mais ce fut surtout le modeste, savant et désintéressé Fauriel qui fonda réellement chez nous cette étude méthodique et approfondie. Entièrement libre et dégagé des préjugés d'école, des soucis de rhétorique et de tout besoin d'effet, sans aucun empressement d'amour-propre et uniquement appliqué aux choses, il aspira à tout savoir, et à savoir de source et d'original, apprenant d'abord les langues et ne jugeant les œuvres qu'en elles-mêmes. Le sanscrit, l'arabe, le grec, même le grec moderne et vulgaire, l'allemand, les langues romanes, l'italien comme s'il était de Florence, que n'apprit-il pas durant les vingt premières années du siècle qu'il passa sans presque rien produire et accumulant sans cesse ? Seul et dans le silence du cabinet, il avait devancé et préparé le mouvement qui ne se dessina guère d'une manière sensible qu'après la seconde Restauration, à partir de 1819. Il apportait en toute littérature la méthode historique et linguistique la plus éloignée des admirations classiques solennelles et consacrées, en s'abstenant toutefois de toute réaction ouverte et déclarée contre nos demi-dieux nationaux et nos idoles régnantes ; mais son procédé calme, net et fin, étendu, positif et ne s'appuyant que sur des textes, guérissait de toute superstition littéraire, bien mieux que n'eussent fait les invectives passionnées ou les déclamations oratoires. Il renouvelait ainsi dans ses fondements la critique que d'autres s'occupaient à orner et à embellir par les dehors. Le nouveau, le simple et le primitif, les racines en tout et la fleur première avant le fard et le luxe de seconde main, avant la superfétation de culture, avaient sa prédilection presque exclusive. De près et pour ceux qui étaient une fois en rapport avec lui, il était l'esprit investigateur par excellence ; il exerçait sur eux une action intime et décisive. Parler d'Ampère sans avoir fait d'abord la place et la part de Fauriel, ce serait parler du fils sans avoir indiqué son parent et vrai père intellectuel, car le vrai rôle d'Ampère, à bien des égards, c'est d'avoir été un Fauriel jeune, vif, extérieur, communicatif, chaleureux et intéressant. Quinet l'appelait Fauriel II.

J.-J. Ampère, né à Lyon en août 1800, fils du savant géomètre et physicien illustre, fut élevé et nourri à Paris à partir de 1804. Il avait déjà perdu sa mère, et il ne se ressouvint jamais de ce doux sourire qui avait lui sur son berceau. Une belle-mère qu'il eut ensuite, mais bientôt séparée de son père, avec lequel elle était incompatible, ne lui fut de rien. Son âme sensible eut de tout temps des arriérés de tendresse dont il ne sut que faire. Son père, homme de génie, homme de bien, mais sans règle et sans suite dans les habitudes journalières de la vie, ne put guère qu'exciter et secouer la jeune intelligence de son fils sans la diriger. Les études d'Ampère n'eurent rien qui le tirât de la routine ordinaire. Il fut mis d'abord en pension rue Neuve-Sainte-Geneviève, chez un ancien oratorien, l'abbé Roche, qui passait pour janséniste. Bien des enfants d'hommes distingués, les fils des Royer-Collard, des Hallé, des Beugnot, des Sacy, étaient dans cette institution, qui n'en valait pas mieux pour cela. Ampère passa depuis, me dit-on, au collége Henri IV et plus tard au collége Bourbon, dont il suivit les cours comme externe libre. Il remporta en 1817 le premier prix de philosophie au concours général; le sujet était l'énumération des preuves de l'existence de Dieu. Son père, à défaut du polytechnicien qu'il aurait voulu, avait eu l'idée de faire de lui un apothicaire savant comme le furent les Geoffroy de l'ancienne Académie des Sciences, et de notre temps les Pelletier, les Robiquet. La vocation du jeune Ampère résista à la chimie comme elle avait résisté au calcul intégral. La poésie était son faible, et il s'y porta avec toute la verve de sa nature. Son père, une fois le premier deuil fait, s'accommodait très-bien de cette ambition poétique de son fils. Bien qu'il fût en quelque sorte la science pure, il avait des curiosités de tout genre : la poésie n'était point exclue de son universalité; il savait quantité de vers par cœur, et lui-même il en avait fait pendant les ennuis amoureux et les courts intervalles de loisir de sa première jeunesse. L'idée d'avoir un fils poëte, dont une belle tragédie serait jouée et applaudie au Théâtre-Français et qui viendrait prendre place à la suite dans le cortége de nos grands classiques, flattait son amour-propre paternel. Cette première veine d'Ampère, non contrariée, mais qui n'aboutit jamais à une franche manifestation et à un succès, fut très-durable, très-persistante, et se prolongea presque jusqu'à la fin sous l'œuvre critique et la culture d'histoire littéraire à laquelle il semblait exclusivement adonné. Il y avait chez lui un poëte *in petto* qui reparaissait à l'improviste, au moment où l'on s'y attendait le moins; qui chantait le Nil, Thèbes et Memphis, au sortir de l'explication d'un hiéroglyphe; qui soupirait une plainte élégiaque dans le temps qu'on le croyait tout occupé de perfectionner un essai de grammaire romane. Cette diversité de goûts, en s'entre-croisant, se nuisait mainte fois. On assure qu'il ne cessa de concourir *incognito* pour les prix de poésie de l'Académie française jusqu'à l'époque où il en fut. Il avait fait jusqu'à sept tragédies, présentées et plus ou moins reçues au Théâtre-Français; elles y dormaient et y dorment encore sans doute dans les cartons à côté de celles de M. Viennet; il disait quelquefois en riant : « Si l'on voulait me jouer un mauvais tour, ce serait d'en mettre une en répétition. » Mais il ne riait qu'à demi en disant cela, et il n'eût peut-être pas été très-fâché que l'idée en vînt à d'autres. Je ne prétends point anticiper en ce moment, ni préjuger quelques-unes des pièces de vers assez spirituelles et agréables qu'on a de lui ; mais il est certain qu'à sa sortie du collége, en cette mémorable année 1819 où Lamartine se révélait par ses premières *Méditations*, où Victor Hugo adolescent s'essayait déjà par des odes touchantes et pures, où André Chénier apparaissait comme un jeune moderne dans ses œuvres pour la première fois recueillies, Ampère, ardent, exalté, enthousiaste, ne rêvait que la palme et le laurier. C'est vers ce temps, ou à peu près, qu'il méditait un poëme d'*Attila*, et qu'il composait, d'après Manzoni sans doute, une tragédie d'Adelghis sous le titre de *Rosemonde*. La couleur locale le tentait fort : il s'y essayait à demi. Son père, premier confident de toutes ses élucubrations poétiques, ne le décourageait pas, et il lui arrivait quelquefois de dire à l'un de ses bons amis lyonnais, M. Lenoir ou M. Ballanche : « Crois-tu que Jean-Jacques ait du génie? » C'était lui, l'illustre savant, qui avait du génie; son fils avait un talent qui se cherchait encore.

Ce talent n'était pas assez fort ni assez original pour se créer à lui-même un genre, une langue et un rhythme, et il ne fallait rien moins que tout cela alors, du moins dans l'ordre lyrique, dans tout ce qui était odes, élégies, méditations, si l'on voulait être un poëte de la jeunesse, un de ceux dont elle saluerait l'avénement avec transport. Ampère n'était pas assez artiste pour prendre dès l'abord un parti franc et décisif dans la réforme poétique qui se tentait d'un certain côté : son bon sens hésitait devant quelques excès apparents; la tradition et la nouveauté se livraient bataille en lui; il était trop sage et trop avisé pour se faire par système un style, et il n'était pas de ces natures souveraines qui en trouvent un naturellement.

Et quant aux couronnes du théâtre, auxquelles il semble avoir plus particulièrement visé, il y avait, pour y atteindre, des difficultés plus grandes encore que dans la branche lyrique. La tragédie exigeait un certain renouvellement ; mais à quel degré ? dans quelle mesure? Le public ne savait pas bien lui-même ce qu'il désirait. M. Lebrun, par un heureux mélange de naturel et de passion, et aussi grâce au pathétique du sujet, réussissait avec éclat dans sa *Marie Stuart*, et cependant il ne pouvait faire agréer son second ouvrage, *le Cid d'Andalousie*, bien qu'il nous semble à quelques égards supérieur au premier. Casimir Delavigne, favorisé dès ses débuts et qui parut à un moment près d'exceller, ne se soutint bientôt qu'à l'aide de concessions multipliées et de sacrifices qu'il semblait faire à un goût contraire au sien. Ampère, en le supposant lancé dans cette même voie dramatique, n'eût guère pu que le suivre ou le côtoyer, avec plus de conviction et de sens critique assurément, mais avec infiniment moins d'adresse et moins d'élégance. Il ne maniait le vers qu'en ouvrier assez inégal et dont la facilité même était trop prompte à se satisfaire.

Au nombre des influences vagues, mais ardentes, qui le saisirent à cette première époque, et qui planèrent sur sa jeunesse durant ces deux ou trois années passées entre le collége et le monde (1818-1820), je ne saurais omettre celle de Sénancour et d'*Oberman*. Sautelet, Frank Carré, Jules Bastide, Albert Stapfer, un ou deux autres encore, tous liés étroitement entre eux et avec Ampère, avaient lu *Oberman* et s'étaient sentis aussitôt épris d'une admiration mystérieuse et concentrée qui ressemblait d'autant mieux à un culte qu'elle était le secret de quelques-uns. *Oberman*, dans sa tristesse désolée, est un de ces livres qui tombent des mains tout d'abord, ou qu'on adopte avec ferveur. Le petit cénacle l'avait adopté et en avait fait son Ossian. M. Cousin, à qui cette élite de jeunes esprits était également dévouée, impatient peut-être de ce partage et pour couper court à ce qui lui semblait un engouement, leur avait dit un jour que l'auteur d'*Oberman*, avec sa mélancolie stérile, ne pouvait être qu'un « mauvais cœur. » Ce mot d'un maître, et qui lui était échappé un peu à l'aventure, étonna et troubla profondément les adeptes, mais sans toutefois les désenchanter. Le temps seul eut peu à peu raison de cette fièvre d'*Oberman*.

Que de choses s'entremêlaient ! que de feux et d'éclairs, que d'impétueux nuages s'entre-heurtaient sur ces jeunes fronts ! Telles étaient les générations d'alors, plus désintéressées du moins et plus enclines à l'idéal que celles d'aujourd'hui. J'en reviens, dans cette histoire de la formation intellectuelle et morale de notre ami, à ce qui devait durer et prédominer. Ce fut le 1er janvier 1820 qu'Ampère fut présenté par M. Ballanche à madame Récamier à l'Abbaye-au-Bois : il y venait à titre de compatriote lyonnais et de jeune poëte plein d'espérances et de promesses. Cette influence de madame Récamier, comme en un autre sens celle de Fauriel, fut trop décisive sur Ampère pour qu'on n'en marque pas avec soin l'heure et l'instant. Ce que je sais d'original, c'est que dans l'été ou l'automne qui suivit, et que madame Récamier passa à la Vallée-aux-Loups, Ampère y passa également quelques semaines en compagnie de son ami Alexis de Jussieu, qui y avait un pied-à-terre. Pendant ce temps d'ivresse et de bonheur, son imagination se livra à tous les charmes d'une compagnie délicate et choisie, qu'un soleil couchant de divine beauté embellissait encore. Ampère revint à Paris une quinzaine environ avant madame

Récamier. Dès qu'il la sut de retour, et la première fois qu'il lui refit visite à l'Abbaye-au-Bois, il la trouva seule. Elle lui parla avec sa grâce ordinaire des charmantes journées, des courses et promenades à travers le vallon, des gais entretiens où la conversation animée du jeune homme avait mis un attrait de plus. Puis, touchant avec son art délié la fibre du cœur, elle indiqua légèrement qu'il y avait eu lieu peut-être à des sentiments émus, que du moins elle aurait pu craindre, si cela s'était prolongé, un commencement de roman pour un cœur poétique, car sa nièce, alors toute jeune, était près d'elle. Ampère à ce mot n'y tint pas, et tout d'un coup éclatant avec trouble et avec sanglot : « Ah ! ce n'est pas pour elle », s'écria-t-il, et il tomba à genoux. Sa déclaration était faite, l'aveu lui était échappé : il avait proféré, sans le vouloir, la parole sacrée sur laquelle il ne revint pas. Nous sommes en plein Pétrarque, en plein Dante, si vous aimez mieux. C'en était fait désormais du destin de toute sa vie. Madame Récamier n'eut plus qu'à continuer de le charmer et à le calmer peu à peu, sans jamais le guérir.

A quelle date précise connut-il Fauriel ? Je ne le sais pas bien ; mais Ampère était encore sans partage dans tout le feu de sa vocation romanesque et poétique, lorsqu'il accompagna, en 1823, madame Récamier à Rome avec le fidèle M. Ballanche. Il s'y vit initié chaque jour à la plus haute et la plus fine société, agréé sur le pied d'égalité par les plus beaux noms, et comme enveloppé dans les relations les plus flatteuses : en s'y pénétrant du ton aisé de la suprême courtoisie, il y prit sa première impression ineffaçable d'amour sérieux pour Rome, pour cette patrie des âmes blessées, éprises des seules grandeurs de l'art ou de l'histoire, et vouées à toutes les religions du passé. Il était à Naples après les fêtes de Pâques 1824, lorsque des lettres de son père, qui trouvait l'absence de son fils trop prolongée, vinrent le rappeler instamment. Il s'arracha avec douleur à la chère colonie qui devait passer un second hiver sur cette terre illustre. On raconte que, le lendemain de son arrivée à Paris, déjeunant en tête-à-tête avec son père qui le regardait fixement et en silence, tout à coup le naïf savant s'échappa à dire : « C'est drôle, Jean-Jacques, j'aurais cru que ça m'aurait fait plus de plaisir de te revoir. » Un verre d'eau fraîche jeté brusquement au visage ne ferait pas, convenons-en, un autre effet. Rien ne pouvait refroidir chez Ampère le respect et l'amour filial; mais on conçoit qu'avec de tels repoussoirs le charme de madame Récamier n'était pas près d'être affaibli, ni diminué.

Une autre influence, bien douce également et plus modeste, menaçait pourtant, en ces années, de traverser la première : un doux astre se levait à l'horizon et aurait pu prendre un rapide ascendant sur le cœur du jeune homme, s'il eût été plus libre. Ampère allait souvent chez M. Cuvier; il y causait avec feu, avec entraînement de ce qu'il avait lu, de ce qu'il avait vu, des objets divers de ses goûts et de ses studieuses ambitions : mademoiselle Clémentine Cuvier l'écoutait en silence, prenait un intérêt sensible à ses récits et se plaisait à les lui faire répéter. Lorsqu'il revint d'Italie, la première fois qu'elle le revit, elle lui demanda ce que lui avait inspiré cette belle contrée : il était adossé à la cheminée; ceux qui ont été témoins de la scène semblent y être encore : il se mit, d'un ton pénétré et plein de nombre, à réciter une ode en l'honneur de l'Italie. L'ode terminée aux applaudissements de tous, la conversation s'engagea : jamais esprit plus charmant, causeur plus gracieux et plus vif n'avait captivé l'attention. Tel il était dès lors. Je dirai seulement de ce tendre intérêt qu'il inspira à mademoiselle Cuvier, intérêt mystérieux resté bien longtemps secret, et dont il est permis à peine de dévoiler quelque chose aujourd'hui, que plus tard les voyages d'Ampère en Allemagne, puis dans le Nord, y apportèrent un arrêt et un obstacle, peut-être un brisement et une rupture intérieure : à son retour du Nord, il ne retrouva plus celle qui savait si bien l'écouter; la noble jeune fille si distinguée, et depuis quelque temps promise à un autre, mourait de consomption avant l'autel. Sa mémoire était demeurée à l'état de religion, — faut-il dire de demi-remords? — pour

Ampère. Une tante de la jeune personne, madame Brack, lui avait fait don d'un moulage en plâtre, figurant les bras et les mains de la morte. Dans ses chambres sans ordre et remplies de livres, Ampère avait un placard caché où se trouvaient ces chères reliques qu'il a été donné à bien peu de ses amis, même de ceux qui vivaient le plus près de lui, de voir et de connaître. J'en puis parler, car je les ai vues et touchées.

J'ai hâte pourtant d'en venir au littérateur, à celui qui mérite d'occuper le public et que nous avons à étudier. Ce fut Fauriel qui coupa court à cette première ébullition poétique sans objet bien précis, et qui le mit dans sa vraie voie, la critique sérieuse et la littérature comparée. Ampère, docile à Fauriel, étudia quelque temps sous lui le sanscrit, en même temps que Fresnel, sous la même impulsion, se livrait à l'arabe. C'est Ampère qui fit faire à M. Mérimée la connaissance de Fauriel. La première fois que M. Mérimée le vit, Fauriel avait sur sa table un ouvrage qu'il lui montra. « Voici, dit-il, deux volumes de poésies serbes qu'on m'envoie ; apprenez le serbe. » C'est ainsi que ce vrai savant, ennemi des à peu près et des faux semblants, adressait chacun aux sources mêmes. Ampère, selon ceux qui l'ont le mieux connu, avait une aptitude particulière pour la linguistique. Il saisissait tout de suite, dans une grammaire qui lui tombait sous la main, les singularités d'un idiome et sa physionomie. Il avait très-vite appris assez de chinois pour lire couramment un livre dans cette langue. Il n'avait qu'à vouloir pour avoir ses entrées directes dans une quelconque des littératures européennes ou orientales. En ce sens, il est dommage sans doute qu'il n'ait pas persévéré vers un but et dans une ligne : il aurait tracé son sillon ; mais Ampère n'était pas un Eugène Burnouf : sa vocation, à lui, était multiple, mobile et diverse. C'était un libre promeneur. Dès qu'il se sentait un peu maître d'une étude et qu'il l'avait pénétrée par l'esprit, il passait à une autre, croyant pouvoir chasser plus d'un lièvre à la fois. Son gibier le menait ainsi sur bien des pistes.

Le résultat littéraire de ses nouvelles études se produisit d'abord agréablement dans des articles du *Globe* : le dépouillement exact de sa contribution à ce journal n'a jamais été fait ni par d'autres ni par lui-même. Le premier article que je rencontre sous sa signature (26 mars 1825) est un compte rendu du *Voyage dans le Latium* de Bonstetten. Ampère avait lu ce livre avec plaisir soit dans son voyage de Rome, soit au retour, et il nous en fait part. Ce qui me frappe dans cet article de début (*maiden-article*), c'est le choix du sujet, et je ne puis m'empêcher d'y voir un augure présageant le genre d'études romaines qui seront la dernière et suprême occupation de sa vie. J'y trouve aussi cet éloge de Bonstetten, qui n'est autre chose qu'une critique détournée à l'adresse de Chateaubriand :

« L'auteur, remarque-t-il, ne s'y prend pas comme M. de Chateaubriand, qui, pour donner une idée précise de la campagne romaine, dit qu'on y trouve quelque chose de la désolation de Tyr et de Babylone; mais il cite des faits... Toute cette éloquence, ce me semble, serait bien pauvre à côté de cette réponse de quelques ouvriers auxquels M. de Bonstetten demandait comment ils vivaient : — Nous n'avons tout au plus que du pain à manger et quelques herbes crues arrachées dans les champs. — Et quand vous êtes malades ? — Nous mourons. »

Madame Récamier à cette date était absente. Ampère, livré à lui-même, avait des velléités d'opposition contre le demi-dieu, auquel il eût été tenté de dire : *Oh! que vous me gênez !* Notons bien chez lui cette intention fugitive, car on ne l'y reprendra plus. — Il terminait cet article sur l'état de la campagne romaine en disant :

« Cet ouvrage se rattache à de grandes questions, et l'on n'y trouve ni déclamation, ni paradoxes, ni parti pris d'avance, ni dédain : c'est aujourd'hui un grand mérite; aujourd'hui plus que jamais les idées absolues révoltent, l'ironie fatigue, mais la représentation des choses telles qu'elles sont donne un plaisir pur et tranquille : c'est un plaisir de ce genre qu'on éprouve en lisant M. de Bonstetten. »

...L'amitié lui inspira son second article, du 4 juin 1825, sur le *Théâtre de Clara Gazul*. Il eut soin toutefois de ne point forcer l'éloge, et peut-être, par la réserve qu'il s'imposa, ne sut-il point marquer assez nettement tout ce qu'il y avait d'original et de hardi dans le coup d'essai de M. Mérimée. Un des lecteurs du *Globe* fut du moins de cet avis et crut trouver « quelque disproportion entre l'extrême mérite de l'ouvrage et le jugement favorable, mais très-mesuré, que le critique en avait porté. » (N° du 18 juin 1825.) — Ampère se remit au pas dans un autre article du 9 juillet suivant. J'en tire seulement cette conclusion, que dans la critique des œuvres contemporaines, par bon goût peut-être, par discrétion et aussi par une sorte de compromis secret entre les diverses écoles, Ampère ne sut jamais apporter cette vigueur décisive qui tranche les hésitations, qui fait saillir les caractères (qualités et défauts), et qui classe non-seulement l'œuvre et l'auteur en question, mais le critique lui-même. Très-vif et tout feu en causant, il n'osait qu'à demi sur le papier. Aussi n'a-t-il jamais mordu sur le public proprement dit : il se contentait du suffrage des salons, et dans la rénovation littéraire qui s'opérait, il ne donna au dehors aucun grand signal.

Il était davantage dans ses tons en présentant une analyse et un jugement excellent des œuvres dramatiques de Goethe (29 avril et 20 mai 1826). Ce travail attira naturellement l'attention de Goethe, qui avait pris le *Globe* en singulière estime. Dans une lettre du 12 mai, c'est-à-dire dans l'intervalle du premier au second article, le grand poëte en écrivait au comte Reinhard :

« Que ces messieurs du *Globe* soient bienveillants pour moi, cela est justice, car moi je suis vraiment épris d'eux. Ils nous donnent le spectacle d'une société d'hommes jeunes et énergiques jouant un rôle important. Je crois apercevoir leurs buts principaux; leur manière d'y marcher est sage et hardie. Tout ce qui se passe en France depuis quelque temps excite vraiment l'attention et donne des pensées que l'on n'aurait jamais conçues. J'ai été heureux de voir quelques-unes de mes convictions intimes, et renfermées dans mon être intime, exposées et commentées suffisamment... Un article (*de M. Ampère*) sur la traduction de mon théâtre m'a fait grand plaisir. Je vois maintenant ces pièces d'un tout autre œil qu'au temps où je les ai écrites, et il est pour moi bien intéressant de constater l'effet qu'elles produisent sur une nation étrangère et dans une époque dont les idées sont tout autres. Mais ce qui me plaît surtout, c'est le ton sociable de tous ces articles : on voit toutes ces personnes penser et parler au milieu d'une compagnie nombreuse ; au contraire, en Allemagne, on reconnaît à la parole du meilleur d'entre nous qu'il vit dans la solitude, et toujours c'est une seule voix que l'on entend. »

Goethe revint souvent en ces années sur ces articles d'Ampère à son sujet ; il les traduisit en allemand ; il disait :

« Le point de vue de M. Ampère est très-élevé. Les critiques allemands, dans des occasions semblables, aiment à partir de la philosophie ; leur examen et leur discussion de l'œuvre poétique sont tels que leur commentaire explicatif n'est intelligible qu'aux philosophes de l'école à laquelle ils appartiennent : quant aux autres lecteurs, l'explication est pour eux beaucoup plus obscure que l'ouvrage qu'elle veut éclaircir. Au contraire, M. Ampère agit tout pratiquement, tout humainement. En homme qui connaît le métier à fond, il montre la parenté de l'œuvre avec l'ouvrier, et juge les différentes productions poétiques comme des fruits différents des différentes époques de la vie du poëte. Il a fait la plus profonde étude des vicissitudes de ma carrière sur cette terre et des situations diverses de mon âme, et il a eu le talent de voir ce que je n'avais pas dit et ce qu'on ne pouvait lire, pour ainsi dire, qu'entre les lignes. Avec quelle justesse n'a-t-il pas remarqué que, dans les dix premières années de ma vie de ministre et d'homme de cour à Weimar, je n'avais, autant dire, rien fait ; que c'est le désespoir qui m'a poussé en Italie ; que là, pris d'un nouveau désir de produire, je saisis l'histoire du Tasse pour me délivrer, en prenant comme sujet tous les souvenirs et toutes les impressions de la vie de Weimar, qui me fatiguaient encore de leur poids accablant ! Le nom (*ou la signification*) de *Werther renforcé* qu'il donne au *Tasse* est d'une justesse frappante. Il n'y a pas moins d'esprit dans ce qu'il dit sur le *Faust*, lorsqu'il montre que le dédain sarcastique et l'ironie amère de Méphistophélès sont des parties de mon propre caractère, aussi bien que la sombre activité toujours inassouvie du héros. »

Ce fut précisément dans le temps où Goethe s'occupait avec tant d'intérêt du *Globe*, des articles d'Ampère et de ses amis, que le jeune homme, venant de Bonn où il avait passé quelques mois à germaniser, à suivre des cours, et méditant d'aller dans le Nord et en Scandinavie, fit sa visite attendue et prévue à la cour poétique de

Weimar. Goethe se l'était figuré, d'après ce qu'il avait lu, un homme jeune encore, mais inclinant vers l'âge moyen : quelle ne fut pas sa surprise en voyant entrer un tout jeune homme dans la vivacité et la fleur du premier épanouissement! Ampère, en mai 1827, allait avoir vingt-sept ans; mais, frais et imberbe, il n'en paraissait pas plus de vingt, et Goethe apprit de lui, non sans étonnement, que tous ses collaborateurs du *Globe*, dont « il avait souvent admiré la sagesse, la modération et le haut développement », n'étaient guère plus âgés que lui.

Ampère, dans cette visite, était accompagné d'Albert Stapfer; mais ce dernier, jeune homme instruit, fils de dignes parents profondément marqués eux-mêmes de l'empreinte germanique, d'ailleurs élève particulier de M. Guizot (quand celui-ci ne faisait qu'arriver de Genève), n'était point, à proprement parler, un échantillon de droite lignée française, et ne pouvait faire en rien concurrence à son compagnon. Ampère apparaissait donc dans tout son relief comme le pur et vif organe, le représentant de l'esprit français nouveau. Ce fut fête à Weimar pour le recevoir : il y eut tout d'abord un grand dîner en son honneur; on y causa de tout; on y passa en revue tout ce que la France d'alors possédait ou promettait de distingué et d'illustre, et après le dîner, dans une promenade au bois, Goethe confiait au fidèle Eckermann toute sa satisfaction d'avoir fait connaissance avec Ampère et d'avoir par lui abouché directement les deux littératures.

« Ampère, disait-il, a placé son esprit si haut, qu'il a bien loin au-dessous de lui tous les préjugés nationaux, toutes les appréhensions, toutes les idées bornées de beaucoup de ses compatriotes; par l'esprit, c'est bien plutôt un citoyen du monde qu'un citoyen de Paris. Je vois venir le temps où il y aura en France des milliers d'hommes qui penseront comme lui. »

Ampère pourra avoir bien des satisfactions d'amour-propre dans sa vie, bien des succès de salon, de boudoir ou même d'auditoire public; mais cet éloge qu'il méritait à vingt-sept ans restera sa plus belle et sa plus glorieuse couronne.

Et pour la France elle-même, en présence des générations qui ont succédé et par une sorte de contraste avec elles, la génération dont fit partie Ampère restera à jamais honorée par ce mot de Goethe, par cette prophétie, hélas! trop peu vérifiée. Que sont-ils devenus ces *milliers d'hommes* qui devaient penser comme lui? Qu'est-elle devenue cette tradition nouvelle, élargie, féconde, qui, une fois nouée, devait se perpétuer et grandir pour l'honneur de la civilisation et de la libre intelligence? Combien peu de ces jeunes hommes mêmes, formés dès lors de si bonne heure et si brillants à leur entrée dans le monde des lettres, ont accompli toute leur mission et rempli toutes leurs promesses? Pourquoi faut-il qu'obéissant à des souffles bientôt différents et contraires, distraits la plupart et enlevés par la politique et les affaires, ils se soient plus ou moins dispersés, qu'ils n'aient pas eu d'action immédiate et directe sur leurs successeurs, et que ceux-ci, obéissant à de tout autres inspirations, quelques-uns pleins d'esprit, de génie même, puissants, prodigieux de veine, aient marché au hasard des temps, aient mêlé la cupidité à l'art, gâté le talent par d'impurs alliages, et n'aient rien créé qui fût tout à fait digne de si orgueilleux débuts, de si florissantes prémices?

Je reviens au succès de notre voyageur à la cour poétique de Weimar, succès rapide et complet, tout à fait justifié dans sa personne. Je repasse en revue mes souvenirs, je fais en idée le recensement de nos amis d'alors, et il me semble qu'aucun, en effet, n'était aussi qualifié qu'Ampère pour représenter avec avantage auprès de Goethe la génération intellectuelle dont il faisait partie. On aurait été aux voix dans les rangs du *Globe* pour élire un envoyé littéraire auprès de Goethe que l'on n'aurait pu tomber plus juste ni mieux choisir. Et j'écarterai tout d'abord le glorieux trio de Sorbonne, MM. Cousin, Villemain et Guizot, qui de loin pouvaient paraître présider au *Globe* ou y être mêlés, mais qui de fait n'en étaient pas. Ils appartenaient chacun à un ordre et à un mouvement d'idées antérieur. C'étaient les princes de l'esprit, et l'on n'envoie pas des princes pour ambassadeurs.

Mais certes le fondateur et directeur du *Globe*, M. Dubois, était fait pour réussir lui-même dans un tel voyage. Goethe l'eût écouté avec étonnement dans sa conversation pleine de verve, de saillies, de jets et d'efforts souvent heureux, de vues parfois lucides et perçantes; mais en même temps il n'aurait pu s'empêcher de remarquer en lui que l'esprit français, pour faire ses nouvelles conquêtes, se donnait bien de la peine et tâchait beaucoup, qu'il y avait bien de l'inachevé, du heurté, du saccadé, un peu de crise de nerfs dans toute cette ambition généreuse, plus de commencements que de suites ; et lui, l'homme calme et supérieur, du haut de son approbation bienveillante, il lui eût été difficile parfois de ne pas sourire.

Certes, M. Mérimée, si admiré de Goethe dès ses productions premières pour son *Théâtre de Clara Gazul*, pour sa *Guzla*, considéré par lui au début comme un des plus francs et des plus originaux talents de la France, certes M. Mérimée eût été auprès de lui un représentant bien venu et bien choisi de l'esprit et de l'art nouveaux; mais c'eût été un représentant tout individuel, lui offrant en soi une forme déjà parfaite, un moule exact aux arêtes vives, un profil de bronze, artiste à la fois charmant et sévère, osant beaucoup, disant peu, et s'abstenant volontiers, en tant qu'esprit, des échappées au dehors, des vues critiques conjecturales, des idées innombrables qui traversaient l'air en ce temps-là, et dont il n'était pourtant pas indifférent d'indiquer les traces. Ce qu'il fallait à Goethe à ce moment, c'était surtout un informateur.

Et à ce titre certes encore M. Vitet, l'homme de l'art, — des beaux-arts, — des premiers enthousiasmes pour le beau, des retours animés et des studieux élans vers le moyen âge roman et gothique, le passionné visiteur des cathédrales des bords du Rhin, eût été des mieux choisis ; mais je ne sais quoi d'un peu discret et d'un peu retenu dans le courant de l'entretien familier n'eût point valu peut-être, pour un commerce d'aussi courte durée, l'entrain, l'abandon et la rapidité d'Ampère. Et ce que je dis de M. Vitet, je le dirai à plus forte raison de Jouffroy, l'homme des hautes pensées, le théoricien au front contemplatif, à la parole magistrale, et dont la chaleur d'âme, avant de se révéler, se cachait quelque temps sous un aspect d'élévation et de froideur.

M. de Rémusat encore eût été sans doute des mieux désignés : son intelligence et son talent réfléchi rayonnaient alors dans tous les sens. Il aimait toutes choses, il était par excellence le premier des amateurs en tout, comme l'appelait Royer-Collard, et cependant la politique déjà le préoccupait beaucoup, et plus encore que la littérature ; il avait je ne sais quelle teinte de maturité avant l'heure, et Goethe, en goûtant chez lui une finesse d'idées, une subtilité déliée, voisine et parente de la sienne, le charme des nuances, n'aurait pas également été frappé du contraste de sa jeunesse ; il n'aurait peut-être pas saisi tout d'abord aussi aisément que chez Ampère la pointe et la célérité françaises, persistant jusque dans les enrichissements nouveaux.

M. Duvergier de Hauranne, esprit pénétrant, exact, acéré, était plus fait pour représenter le *Globe* en Angleterre, à Abbotsford, auprès de Walter Scott, qu'à Weimar.

Et des autres rédacteurs du *Globe*, auxquels on aurait pu penser pour cette députation idéale que j'imagine et qu'il me plaît de rêver par les figures qu'elle me rappelle et qu'elle ressuscite, M. Duchâtel eût été encore un actif, un alerte et délibéré causeur, mais un peu trop détourné déjà vers les considérations économiques et politiques. Ernest Descloseaux aussi eût donné une bonne idée de ses amis, lui qui des premiers chez nous connut bien Shakspeare et qui en parlait avec tant de précision et de sagacité, et pourtant avec son air fin écossais il était déjà comme un attorney actif, trop partagé dès ce temps entre les belles-lettres et les dossiers, qui bientôt l'absorbèrent. M. Pierre Leroux, intelligence supérieure, mais peu dégagée, homme de mérite, retenu à cette date au second plan dans des occupations secondaires et que l'on considérait comme la cheville ouvrière ou l'âme matérielle du *Globe*, M. Leroux, cet esprit des plus idéalistes, si on se le figure à Weimar, eût paru par trop porter, comme on dit, l'eau à la rivière, le fleuve à la mer, porter l'Allemagne dans l'Allemagne même. Je ne dirai rien des autres collaborateurs, distingués à leur manière, mais d'une distinction plus spéciale et plus confinée, et à qui pareille mission eût évidemment moins convenu : Charles Magnin, littérateur casanier, esprit tout français, qui ne s'émancipa que la plume à la main, peu à peu et par degrés ; M. Patin, esprit délicat, possédant mieux que personne l'antiquité grecque, acceptant les progrès modernes sans les devancer ; M. Auguste Trognon, qui renfermait et limitait ses innovations et ses hardiesses d'un moment dans le cadre de notre histoire nationale ; l'intègre et laborieux Damiron, qui n'eut de tout temps d'autre défaut que de rester un esprit disciple, trop soumis à ses aînés et à ceux qu'il considérait comme ses maîtres.

Ampère se trouvait donc tout naturellement le meilleur représentant de son groupe au dehors, le plus approprié, le mieux désigné, le mieux causant, sinon le plus éloquent. Il dut plaire doublement à Goethe, et par sa verve, par son entraînement, et parce qu'aussi cet entraînement sans fumée et sans fougue était coupé à temps avec gaieté par une épigramme et une plaisanterie mondaine. Tel l'avait fait et façonné madame Récamier. Avant elle, il était impétueux, violent, me dit-on, emporté, colérique même, un enthousiaste sans frein. Elle lui avait adouci ses aspérités et à la place y avait mis du savoir-vivre. Elle lui avait ôté, je le crois, un peu de son feu sacré ; mais en revanche elle lui avait donné du tact, du goût, et ce sentiment du ridicule qui n'est autre peut-être que celui de la bonne société.

Ce double caractère se montre dans une lettre de lui écrite de Weimar à madame Récamier elle-même, et dans laquelle, après avoir parlé de Goethe en particulier comme il le faisait pour le public, c'est-à-dire avec admiration, il terminait cependant par une légère raillerie.

Cette lettre fut toute une histoire. Madame Récamier, l'ayant reçue, la montra aussitôt et la lut autour d'elle. Un visiteur de passage à l'Abbaye-au-Bois, dont il ne devint jamais un habitué, Delatouche, homme d'esprit, mais assez peu sûr et qui n'aimait rien tant qu'à faire des niches littéraires, saisit la lettre au vol, en demanda communication pour la donner à la rédaction du *Globe*, dont il n'était pas, mais auprès de laquelle il n'était pas fâché de se faire bien venir. Madame Récamier, un peu faible à l'endroit de ses amis et ne perdant aucune occasion de leur faire plaisir ni de leur acquérir un éloge, lâcha la lettre, qui parut ensuite toute vive dans le *Globe*, presque sans aucun retranchement. Ampère, qui n'avait pas quitté Weimar, fut un peu effarouché de voir ainsi ses impressions toutes confidentielles lui revenir par la presse et aller droit à l'adresse de ceux dont il parlait si librement. On y lisait d'ailleurs les témoignages les plus agréables pour Goethe, par exemple :

« Goethe a, comme vous le savez, quatre-vingts ans. J'ai eu le plaisir de dîner plusieurs fois avec lui en petit comité, et je l'ai entendu parler plusieurs heures de suite avec une présence d'esprit prodigieuse : tantôt avec finesse et originalité, tantôt avec une éloquence et une chaleur de jeune homme. Il est au courant de tout, il s'intéresse à tout, il a de l'admiration pour tout ce qui peut en admettre. Avec ses cheveux blancs, sa robe de chambre bien blanche, il a un air tout candide et tout patriarcal. Entre son fils, sa belle-fille, ses deux petits-enfants qui jouent avec lui, il cause sur les sujets les plus élevés. Il nous a entretenus de Schiller, de leurs travaux communs, de ce que celui-ci voulait faire, de ce qu'il aurait fait, de ses intentions, de ses souvenirs : il est le plus intéressant et le plus aimable des hommes.

» Il a une conscience naïve de sa gloire qui ne peut déplaire, parce qu'il est occupé de tous les autres talents. »

Mais la lettre citée se terminait par cette phrase assez épigrammatique :

« Vous allez croire que la manie admirative des Allemands pour leur poëte m'a gagné. Pourtant je n'en suis pas encore au point de la bonne dame chez laquelle je demeure ici, qui s'extasiait sur ce que l'abondance des idées du grand homme était telle qu'il lui avait fallu un secrétaire ! Avoir un secrétaire est dans ce pays-ci sans exemple... »

Je ne sais ce qu'en pensa la *bonne dame* chez qui il logeait; mais en général à Weimar on prit très-bien l'indiscrétion...

La dernière journée qu'Ampère passa avec Goethe, et que je lis racontée par lui dans le *Globe* du 31 juillet 1827, n'a jamais été reproduite dans ses *Mélanges*, car ses *Mélanges*, recueillis d'abord par lui-même, l'ont été, selon son habitude, à la hâte et fort négligemment.

« Je n'oublierai jamais surtout, disait-il, le jour où je lui ai dit adieu. Il était dans une petite villa qui touche au parc du grand-duc : il a consacré ce modeste séjour, il y a quarante ans, en y écrivant *Iphigénie*, et il en a planté tous les arbres. Il pouvait être cinq heures du soir : assis sur un banc, à l'extrémité de son petit jardin, il jouissait de la vue du parc et de la beauté du jour et de l'heure. Je m'assis sur ce banc à ses côtés ; une émotion mêlée de respect, d'attendrissement et de tristesse m'empêchait de parler. Je le regardais, je l'écoutais avec recueillement ; j'admirais en silence la vivacité de ses souvenirs, les grâces de son esprit, la sérénité de son âme ; il me montrait les grands arbres qui s'élevaient au-dessus de nos têtes. « On est bien hardi de planter un arbre », disait-il en souriant. Tout à coup Goethe se leva comme pour éviter le commencement d'une impression triste, et comme je m'approchais pour le saluer, il m'embrassa et me donna un livre en souvenir de lui. Je m'éloignai rapidement, le cœur plein d'une émotion difficile à décrire. Je fus au théâtre : on donnait la *Marie Stuart* de Schiller ; le génie du grand poëte et le charme de la belle reine furent dignement représentés par madame d'Heygendorf. A la fin de cette soirée toute poétique, je me promenais dans le parc avec le fils de Goethe et quelques amis ; nous approchâmes de sa petite maison sans faire de bruit. Tout se taisait ; mais une fenêtre était encore éclairée. Là il veillait. Peut-être il ajoutait d'une main presque octogénaire une dernière perfection à ses ouvrages ! Peut-être il repassait cette journée ; peut-être il donnait un souvenir fugitif à cette heure où je lui ai dit adieu !

» Je m'arrête, monsieur ; il est difficile de ne pas se laisser entraîner à quelque émotion quand on parle des souvenirs les plus doux et les plus mémorables de sa vie. »

Notre siècle aime ces détails intimes, il n'en a jamais trop. Ne serait-il pas permis toutefois de relever ici une sensibilité littéraire un peu prolongée, une émotion un peu voulue et un peu factice ? Ampère ne s'en est pas toujours préservé.

On sera peut-être curieux de savoir comment Chateaubriand, qui régnait dans le salon de madame Récamier, accueillait ces louanges en l'honneur de Goethe, et cette admiration qui tenait du culte et qui s'adressait, de son vivant à un autre que lui. Quelques remarques ici, pour ceux qui tiennent à savoir les nuances de société (et nous sommes en ce moment avec un littérateur, homme de société), ne seront peut-être pas inutiles. Ampère avait commencé avec Chateaubriand par une certaine colère secrète et un sentiment de répulsion assez compliqué, soit qu'il vît en lui le rival radieux qui, dans la pensée de Béatrix, occupait la première place et le rejetait lui-même au second plan, soit qu'il lui en voulût, comme ami, de certaines souffrances et de certains ennuis dont il avait été témoin ou confident, et qu'avait ressentis la Béatrix elle-même, dans les moments où elle se croyait sacrifiée à d'autres amitiés moins dignes. J'ai indiqué précédemment un léger indice, une velléité d'émancipation et d'indépendance. Malgré tout, madame Récamier avait triomphé de difficultés plus grandes, et elle sut si bien, à la longue, adoucir et mater Ampère sur cet article délicat de Chateaubriand, qu'à partir d'un certain jour le jeune écrivain se fit une loi de ne plus rien publier, ne fût-ce qu'un simple morceau, sans trouver moyen d'y glisser au moins une fois le glorieux nom qui, dans le principe, l'avait si fort offusqué. Et plus tard, à des années de là, voyageant en Grèce, Ampère lui fit la galanterie de couper à Delphes, à son intention, une branche du laurier qui existe aujourd'hui — ou qui existait — dans l'enceinte du τέμενος « laurier descendant en droite ligne du feu Daphné », ainsi métamorphosée, si l'on s'en souvient, et il l'envoya à Chateaubriand avec quatre pages de compliments[1].

Les choses n'en étaient pas tout à fait là encore à ce moment du voyage en Allemagne, mais déjà la paix et l'harmonie régnaient dans les cœurs. Certainement Ampère, quelques années plus tôt,

1. Extrait d'une lettre d'un compagnon de voyage et témoin oculaire, M. Mérimée.

s'il avait visité lord Byron en Italie, n'aurait pu en écrire librement à madame Récamier, comme il fit de Goethe, sans choquer par là même et désobliger Chateaubriand. Byron était un des antipathiques de l'illustre auteur de *René*, qui le considérait comme un rival, et pis que cela, presque comme un plagiaire. Il n'y avait pas assez de place dans le ciel poétique pour tous deux, — deux soleils à la fois! Un jour que Chateaubriand entrait chez madame de F..., fille de la marquise d'Aguesseau, et qui, née en Angleterre, avait le culte de Byron, il vit sur une console un buste nouvellement placé, et il demanda en souriant qui c'était; sur la réponse que c'était lord Byron, il fit un geste en arrière, et son noble visage ne put réprimer une de ces grimaces soudaines auxquelles il était trop sujet. Mais ici, avec Goethe, les rapports étaient tout différents : Goethe était déjà un ancien; *Werther* appartenait à un autre siècle. L'Allemagne aussi était plus loin, plus séparée de la France que l'Angleterre; le contact, le conflit des deux gloires n'avait pas eu lieu. Pour le chevaleresque et galant auteur du *Dernier Abencerage*, un homme de lettres, si illustre qu'il fût, un poëte octogénaire qui recevait son monde en robe de chambre de flanelle blanche, ne pouvait être un rival : c'était un patriarche. L'amour-propre, ici, était tout à fait désintéressé dans la question et la critique libérale d'Ampère en profita pour se donner pleine carrière.

De Weimar Ampère alla à Berlin, et de là il passa en Suède. On peut se faire une idée parfaite de ce qu'il était alors en causant, — de ce qu'il fut jusqu'à la fin, — par l'agréable relation qu'il a donnée de ce premier voyage. Je viens de la relire après quarante ans : je ne sais rien de plus vif, de plus léger, de plus juste dans la touche et dans le dessin. Quoique Ampère eût de mauvais yeux, et qu'évidemment la nature ne l'eût point formé pour le pittoresque, il s'en tire à force d'esprit et d'intelligence. Il est suffisamment paysagiste pour quelqu'un qui dessine et ne peint pas. Son crayon exact se trouve être même assez coloré quand il le faut. Il a le premier sentiment très-vrai, et qu'il nous rend très-fidèlement, des divers pays qu'il parcourt : avec lui, la physionomie des lieux se montre aussitôt à nous en elle-même et dans son rapport moral avec le caractère des habitants ; car ce qui m'en plaît chez Ampère voyageur, c'est que l'homme n'est jamais absent ni loin. On nous a gâtés depuis en fait de descriptions ; la littérature a fait concurrence à la peinture et s'est piquée de l'égaler ou de l'éclipser. On a aussi poussé à bout le principe de naturalisme et de physiologie, le rapport des lieux et des habitants ; on a fait les uns à l'image des autres ; on a montré et accusé le lien qui les unit jusqu'à le grossir et à le forcer. Ampère, dans sa manière rapide et son heureux instinct, se contente de toucher sans appuyer ; il indique l'harmonie entre le moral et le physique, sans aller jusqu'à une complète identification ; il laisse place à un certain jeu des facultés. Il n'est nullement étranger d'ailleurs à la science : s'il remarque en passant un pli géologique du sol, on sent à l'exactitude du signalement l'ami d'Élie de Beaumont ; s'il parle de la végétation, s'il rattache un pays, un degré de latitude à une plante, à une mousse, on sent l'ami d'Adrien de Jussieu ; s'il montre du doigt la tour de Tycho-Brahé, et s'il caractérise d'un mot « le ciel agrandi » que le patient observateur livra au génie et aux lois de Kepler, on sent le fils d'Ampère, nourri dans ces choses de science et qui parle naturellement la langue de sa maison. En tout, il est ainsi : une prompte intelligence le guide, et chaque trait porte où il faut. Tout cela est fin, net et proportionné.

Il n'a fait qu'effleurer la Laponie, mais l'aperçu qu'il en a tracé est vivant et s'anime, jusque dans sa réalité, d'un souffle de sympathie humaine. Les profils qu'il donne des hommes distingués du Nord, des poëtes et littérateurs de talent, les font aussitôt comprendre par les côtés principaux qui nous intéressent : Atterbom, Œlenschlæger, Tégner, désignés par lui en quelques mots, cessent de nous être étrangers. Il a des accents particulièrement vrais pour nous exprimer la science et l'érudition locale, profonde, originale, communicative et naïve, à laquelle il a dû des heures d'affectueux commerce et de douce hospitalité : il a su s'en assimiler l'esprit et l'âme en courant. Dans tout ce qu'il a vu si vite et qu'il a si bien saisi, il choisit les points qui nous laissent une agréable idée et qui donnent envie d'en savoir davantage. Des rapprochements ingénieux, imprévus, un fonds de bonne humeur spirituelle, une pointe de plaisanterie et de gaieté, se font jour à chaque instant dans son récit et amènent le sourire. Enfin ces cent pages relues sont intéressantes d'un bout à l'autre; rien n'y est à côté, rien n'y est de trop ; on n'y relèverait pas une seule ligne qui fatigue ou qui détonne, et l'on peut se dire encore aujourd'hui : Tel était Ampère en personne dans un salon, animé, racontant et causant.

Un ou deux passages, *une Nuit sur le Cattegat* par exemple, cette traversée d'un bras de la mer du Nord près du Sund, se ressentait du contact habituel de Chateaubriand écrivain, et avait un air de grandeur qui devait appeler l'applaudissement du maître : c'était le morceau soigné, solennel, l'*aria di bravura*.

On me dit qu'en cette année 1827 (et ce ne put être que dans les tout derniers mois) Ampère refit une rapide tournée en Italie avec Adrien de Jussieu et M. Victor Le Clerc : il passait ainsi volontiers d'un climat à l'autre, il aimait ces sortes de contrastes et de brusques antithèses d'impressions et de pensées, ces sortes de *bains russes* intellectuels. Il s'y plongeait tête baissée, il en jouissait en dilettante de l'esprit.

Son apprentissage dans l'enseignement public se fit à l'Athénée de Marseille, nouvellement fondé : il y professa dans les premiers mois de 1830. Ce premiers cours, dans lequel il paraît avoir apporté plus d'entrain et de vivacité de parole qu'il ne fit plus tard dans les chaires de Paris, a laissé un long souvenir à Marseille, si j'en juge par une étude sur Ampère, publiée par M. Tamisier, un des témoins et auditeurs de ce temps-là [1]. Le sujet du cours fut précisément la littérature du Nord, dont Ampère était tout rempli. Ce fut encore ce

1. *Étude historique et littéraire* sur J.-J Ampère, par M. F. Tamisier, bibliothécaire de l'Athénée de Marseille, 1 vol.-in-18, Paris et Marseille, 1864.

sujet qui l'occupa dans la première suppléance que lui offrit Fauriel à la Faculté des lettres en 1832. Ces divers cours, dont on a les leçons d'ouverture et quelques fragments, offraient de l'intérêt et donnaient aux jeunes esprits qui y assistaient une teinture de ces sujets étrangers et jusqu'alors tout à fait ignorés chez nous : c'était une première couche excellente.

II

L'occasion était belle pour Ampère dans les premières années qui succédèrent à la révolution de 1830. Après une suppléance passagère dans la chaire de Fauriel et dans celle de M. Villemain à la Faculté des lettres (1832-1833), la mort d'Andrieux au mois de mai de cette dernière année laissa vacante au Collége de France la chaire de littérature française, et Ampère y fut nommé. Il lui fut donné pendant des années, et sauf quelques intervalles de congé et d'école buissonnière qu'il avait besoin de s'accorder de temps en temps[1], de parcourir en entier plusieurs fois toutes les périodes, tous les stades de notre histoire littéraire depuis les origines latines et romanes jusqu'au XVIIIe siècle. J'étais un auditeur fidèle de ses cours, et je dois dire que bien qu'appartenant moi-même à très-peu près à la même génération, je suis à certains égards un élève d'Ampère. Combien n'ai-je point eu à profiter de lui ! Critique alors tout biographique et anecdotique, je me laissais volontiers guider par lui dans les grands cadres environnants et pour les accessoires extérieurs. C'est pour moi encore un sensible regret, toutes les fois que j'y songe, de penser que le travail immense, spirituel et judicieux auquel il s'était livré, n'ait point pris la forme d'une œuvre suivie et

1. Ampère se fit suppléer pour la première fois par M. de Loménie en décembre 1845. A partir de décembre 1855, il n'est plus remonté dans sa chaire. Ces dix années, de 45 à 55, ont été fort mêlées et entrecoupées ; mais les précédentes, de 33 à 45, avaient été entières.

définitive, d'un monument, et que ce qui était fait et comme bâti déjà n'ait pas été cimenté et fixé.

.... Ampère, très-suivi dans les dernières années par des personnes des deux sexes, était vraiment le professeur de littérature française le plus approprié à son époque. Les grands travaux improvisés de M. Villemain avaient fait leur temps ; on n'avait pas à les recommencer, non plus que le talent prestigieux du professeur-orateur. On était devenu plus rassis et plus positif. On voulait des faits, on voulait suivre pas à pas son guide et reprendre avec lui et après lui les mêmes lectures. Ampère était l'homme de ce moment, et sa noble et large impartialité d'esprit, sa connaissance directe des autres littératures, l'usage et la familiarité qu'il en avait de longue main, le sentiment juste des rapports (ce sentiment qui semble s'être perdu depuis), tout lui permettait d'assigner à la production française sa vraie place et son vrai rang, sans lui rien retrancher et sans rien exagérer non plus.

Il n'avait rien d'universitaire : ceci est à remarquer ; quoiqu'il eût été élevé dans les lycées et colléges, quoiqu'il eût pour M. Cousin toutes les amitiés respectueuses, et envers M. Villemain toutes les déférences, il n'avait point précisément la tradition comme on l'entendait aux environs du collége du Plessis ou à l'ombre de la Sorbonne, je veux dire la marque et le cachet de l'éducation puisée à nos écoles. Il n'avait rien de ce que MM. Nisard et Rigault laissent voir tout aussitôt dans leur critique. L'esprit d'Ampère offrait table rase aux doctrines et aux méthodes des Fauriel, des Niebuhr, Grimm, Goethe... Il ne recevait pas ces doctrines sur la défensive en quelque sorte, et, comme doit faire tout bon universitaire, la baïonnette en avant, à son corps défendant, ce que fit toujours le docte Victor Le Clerc par exemple. Il n'était pas toujours à cheval sur la priorité accordée à des Français, sur la prééminence française, et aussi il n'allait pas jusqu'à dire d'impatience comme Voltaire : « Nous autres, Français, nous sommes la crème fouettée de l'Europe. » Il se tenait en éveil de toutes parts, dans un état d'indifférence curieuse.

Et comment en aurait-il été autrement? Sachons bien qu'Ampère vécut d'une vie commune et fit ménage intellectuel de 1830 à 1847, pendant près de dix-sept ans, avec un homme qui est l'érudition et la curiosité mêmes, M. Mohl, le savant orientaliste et mieux que cela, mieux qu'un savant, un sage : esprit clair, loyal, étendu, esprit allemand passé au filtre anglais, sans un trouble, sans un nuage, miroir ouvert et limpide, moralité franche et pure ; de bonne heure revenu de tout avec un grain d'ironie sans amertume, front chauve et rire d'enfant, intelligence à la Goethe, sinon qu'elle est exempte de toute couleur et qu'elle est soigneusement dépouillée du sens esthétique comme d'un mensonge. Pendant dix-sept ans, Ampère vécut avec M. Mohl dans un appartement contigu et qui communiquait : à l'heure du déjeuner, le savant asiatique entrait après une matinées déjà longue passée à l'étude, et c'étaient des nouvelles de Berlin ou de l'Inde, de Calcutta ou de Londres : cela, pour commencer, ne laisse pas d'étendre les idées et d'élargir les horizons. Et le soir, combien de fois, rentrant vers minuit, Ampère retrouvait son ami veillant encore, et là, assis au bord du lit, le pressant des questions qui le préoccupaient et que les rencontres de la journée avaient suscitées en lui, il prolongeait jusque bien avant dans la nuit les doctes enquêtes et les poursuites historiques de sa pensée ! car, quand une pensée le tenait une fois, il en était comme obsédé et il ne s'en délivrait qu'en l'épuisant.

... La première grande infidélité qu'Ampère fit à son cours du Collége de France fut son voyage d'Égypte (novembre 1844-janvier 1845). Jusque-là ce n'avaient été que de légères et vives échappées d'un savant professeur en vacances, échappées extrêmement agréables d'ailleurs et qui ont laissé leurs traces. Le *Voyage dantesque*, c'est-à-dire le pèlerinage à tous les lieux consacrés par les vers du poëte florentin, *la Poésie grecque en Grèce*; et une *Course dans l'Asie Mineure*, qui n'en est qu'un chapitre détaché, sont des essais d'un genre composite, un mélange de réalité, de souvenirs, de lectures et d'observations, le tout vivement présenté et des mieux assortis. Ampère observait peu directement : il n'était pas organisé par la nature pour regarder à fond et pour exprimer puissamment ce qu'il avait devant les yeux ; c'était un lettré en voyage : il lui fallait de l'accessoire tiré des livres ; un souvenir, un rapprochement, une allusion, lui étaient nécessaires et venaient bien à propos se joindre à ce qu'il voyait pour le compléter et l'orner ; quand il avait trouvé son trait, il était content. Son esquisse générale était vraie ; la physionomie des lieux était délicatement sentie et rendue sous sa plume : le goût chez lui suppléait au sens. Il laissera, comme voyageur littéraire, le plus aimable renom. Tous ceux qui passeront après lui là où il a passé se plairont à lui rendre justice et à le saluer d'un souvenir.

Mais pour l'Égypte ce fut autre chose : il ne l'aborda pas seulement en amateur et en touriste, il y mit une ardeur, une application spéciale de savant. La lecture de la grammaire de Champollion, qu'il ouvrit un matin sans dessein arrêté, détermina en lui comme une vocation subite, irrésistible : devenu du jour au lendemain disciple de l'illustre inventeur et l'émule de Lepsius, il se plongea à corps perdu dans cette neuve étude qu'il prétendait bien ne pas aller vérifier seulement sur place, mais faire marcher à son tour et avancer. Quand de telles ardeurs le prenaient, il n'y avait pas à se mettre en travers : il eût tout renversé. Il obtint sans peine une mission du ministre de l'instruction publique, M. Villemain ; on lui adjoignit un savant artiste dessinateur, et il partit sans tarder. Le livre qu'il a publié en 1846 offre le tableau complet de ses impressions, de ses études, de ses recherches, de ses admirations et même de ses rêveries poétiques ; car ce fut, dans ses deux ou trois mois, toute une fièvre, une rage, un conflit de science et de poésie, comme une ivresse de toutes ses facultés émues et surexcitées. Il touchait au but, il était près du retour lorsqu'il paya cet excès d'exaltation et de travail par une maladie qui faillit être mortelle. On le ramena bien faible encore à Marseille ; mais au milieu même de ses dangers et de son épuisement sa noble fièvre morale ne le quitta pas un instant, et il ne songeait qu'à ne pas laisser perdre les trésors de connaissances et d'observations qu'il venait de conquérir.

Il ne tenait qu'à Ampère, à partir de ce moment, de pousser son sillon dans cette voie nouvelle et d'y avancer parallèlement chez nous avec M. de Rougé. Jamais il n'avait plus ouvertement trahi cette soif insatiable de connaître qui le consumait et qui, aux heures où elle s'éveillait plus vive, le forçait de tout laisser pour y obéir. Il dut goûter, indépendamment de tout succès, de grandes satisfactions d'intelligence : il pouvait lire une phrase hiéroglyphique sur le sarcophage d'un pharaon ; il lui était arrivé un soir, avant de s'endormir, de lire un livre chinois sur les ruines d'Éphèse. Ce sont là, il faut en convenir, de hauts dilettantismes de l'esprit et à la portée d'une rare élite.

Les événements publics et des accidents privés ne tardèrent pas à déranger l'existence si bien remplie d'Ampère. La révolution de février 1848 apporta une secousse dans ses habitudes scientifiques, car dans son universalité de goûts il faisait entrer aussi pour quelque chose l'enthousiasme politique, et il trouva moyen d'avoir de l'enthousiame en ce moment-là. La mort de madame Récamier (11 mai 1849), qui suivit d'assez près celle de M. de Chateaubriand, le laissa bientôt livré à lui-même ; il avait besoin, à travers toutes ses diversions, d'un centre, d'un attachement fixe, d'une affection transformée en devoir, en religion. L'amitié de madame Récamier, au milieu des hasards de sa navigation et des versatilités de sa barque, était pour lui à la fois l'étoile et l'ancre. Après elle, et quand elle lui manqua, il erra quelque temps comme une âme en peine avant de savoir où se fixer. Il allait avoir cinquante ans : c'est un mauvais quantième pour recommencer la vie.

Il avait contracté, depuis quelques années, avec Alexis de Tocqueville une de ces amitiés-*passion* dont il était susceptible, et dont sa nature ressentait le besoin : il y trouva, jusqu'à un certain point, un abri et un refuge. Je ne sais pourquoi la biographie d'un homme distingué se restreint presque toujours à l'étude de l'esprit et aux travaux qui en dépendent : la sensibilité a ses mystères qui méritent bien aussi une analyse ou du moins un aperçu. Celle d'Ampère était très-particulière, des plus actives, aussi complexe que son intelligence elle-même, et elle avait ses exigences qu'il faut au moins indiquer. J'ai dit qu'il vivait avec le savant M. Mohl d'une sorte de vie commune, et, dans cet arrangement qui dura jusqu'au mariage de M. Molh, il y avait déjà pour Ampère une convenance et un avantage, quelque chose qui, sans le fixer, le retenait. De plus, il trouvait à l'Abbaye-au-Bois tout ce luxe, ce superflu de l'esprit, chose si nécessaire, et en même temps le lien souverain d'affection qui le ramenait sans cesse et qui donnait une limite à ses écarts. Le cercle de l'Abbaye, dans sa douce habitude, lui procurait des liaisons agréables et des amis à tous les degrés. Je ne répondrais même pas qu'en cherchant bien on ne lui trouvât en fait d'amitiés féminines, durant le règne de madame Récamier et dans une moindre sphère, quelque étoile de très-petite grandeur, un diminutif ou une doublure de Béatrix, tant le pli était pris !

Eh bien, malgré tout cela, Ampère avait encore besoin d'un ami intime en dehors de l'ordinaire, d'un ami dont il eût la plus haute idée et avec qui il fût dans un rapport continuel d'admiration, d'épanchement, de confidence à tous les instants. M. Mohl, calme et sage, ne pouvait être cet ami-là ; il n'eût répondu à bien des ébullitions, à des projets en herbe qui se succédaient, à de vrais feux de paille, que par un rire franc et clair qui eût déconcerté le distrait enthousiaste et l'eût dégrisé désagréablement. Ampère n'osait tout dire à M. Mohl; M. Mohl était pour lui une habitude précieuse, essentielle, utile, pour ainsi dire légitime : ce n'était pas un confident. Ce n'était pas Étienne de La Boëtie pour Montaigne. Or Ampère avait besoin d'un Étienne de La Boëtie. Il avait besoin d'un *ami du Monomotapa* à qui courir raconter, dès le matin, le songe de la nuit [1]. Il me fit dans un temps l'honneur de me croire digne d'un tel rôle, d'une telle jointure étroite des esprits et des âmes : je fus reconnaissant, mais ma nature trop faible ou trop partagée se déroba. Tocqueville devint l'objet d'un second choix, et par sa noblesse de caractère, par le sérieux de sa vie, par la

1. « Son *moi* sensible n'était pas moins insatiable et infatigable que son *moi* intellectuel. » Un doctrinaire aurait pu dire de lui ce mot-là. Pour qui a approfondi l'homme, la formule est justifiée.

profondeur, la finesse et la tristesse élevée qu'il exprimait dans toute sa personne, par ce qu'il montrait de talent et par ce qu'il en laissait à deviner, il réalisa pour Ampère le mode d'amitié que celui-ci ne pouvait se passer d'avoir devant les yeux. La *Correspondance* de Tocqueville, depuis l'année 1839 jusqu'à la fin en 1859, est remplie de témoignages de tendresse et de mutuelle confiance. Tocqueville consulte Ampère sur ses lectures, sur ses écrits, sur les deux derniers volumes de sa *Démocratie en Amérique*, et l'ami consulté ne manque pas de trouver, contrairement au jugement du public, ces deux derniers volumes encore supérieurs aux premiers. Ampère n'était pas pour ses amis un critique très-sûr; l'affection le fascinait. En retour, Tocqueville trouvait très-beaux les vers d'Ampère à lui adressés : comment en eût-il été autrement? Il lui parlait de son *César*, ce drame en vers, et il lui écrivait : « J'ai grande impatience de revoir *César* embelli encore! » Un vrai critique lui eût dit : « Laissez ce *César*, c'est une erreur. » Je ne sais même si je ne me hasardai pas, un jour que je rencontrai mon ancien ami, à le lui dire un peu brusquement : il me répondit avec infiniment de douceur et d'indulgence pour ma boutade que tout le monde, parmi ses amis, n'était pas de mon avis. Il y a des degrés d'intimité et de complaisance qui ne laissent pas jour au jugement; mais, si elle avait en ce sens quelques faiblesses et mollesses inévitables, cette noble amitié avait en soi bien du charme et de la saveur. Il y a au château de Tocqueville une chambre dans une tourelle, loin de tout bruit, une *étude* isolée, comme eût dit Montaigne, qui était à Ampère et qui portait son nom. Les domestiques continuaient de dire : « la *chambre de M. Ampère* », même lorsque vers la fin il était infidèle et qu'il ne venait plus. « A partir du 3, lui écrivait Tocquevillle (26 septembre 1842), je vous attends, ou plutôt nous vous attendons, nous, le billard, l'allemand, la tourelle, et surtout beaucoup d'amitié et un immense désir de vous tenir longtemps dans nos épaisses murailles, à l'abri des soucis, des agitations d'esprit, et j'espère aussi de l'ennui... » Ampère, dans ces séjours à Tocqueville, était bénédictin à son aise tout le jour et brillant de verve tous les soirs. Cette amitié d'Ampère et de Tocqueville était si connue et si bien établie que lorsqu'on abordait Tocqueville dans le monde, c'était une entrée en matière toute naturelle et toute flatteuse que de lui parler d'Ampère. « C'est un sujet, écrivait-il à son ami (12 mai 1857), qu'on entame volontiers avec moi pour me faire parler, de même qu'un causeur habile commence par interroger son interlocuteur sur lui-même, afin de le mettre en train. J'ai surtout remarqué deux hommes d'esprit de vos amis, Doudan et Mohl, qui m'ont dit sur vous des choses fines et vraies qui m'ont fait plaisir, et dont le résumé est ceci : que depuis plusieurs années vous aviez singulièrement accru encore votre talent, et comme fond et comme forme, et ne cessiez de l'accroitre. Ce qui est aussi mon avis... »

... Ampère accepta, pendant la République, de MM. Carnot et Jean Reynaud la mission d'aller examiner en province les élèves d'une future école administrative qui n'eut qu'une existence éphémère [1]. Il eut aussi de M. de Falloux une place de conservateur à la Bibliothèque Mazarine qu'il ne garda pas longtemps. La spirituelle vicomtesse de Noailles, avec la duchesse de Mouchy sa fille, essaya un moment, en l'attirant et le retenant à Mouchy, de substituer une influence aimable et consolante à celle qui venait de s'éteindre ; ce n'était, à vrai dire, qu'un redoublement d'intimité ; mais si Ampère ne haïssait nullement l'aristocratie, il la préférait un peu moins haute et moins princière jusque dans la familiarité. Tocqueville malade, épuisé de fatigue après son ministère, alla passer à Sorrente une saison, et Ampère l'y accompagna fidèlement. Cependant l'inquiétude le possédait toujours. Il entreprit en 1851-1852 cette *Promenade en Amérique* qu'il a racontée avec la même rapidité et le même entrain qu'il mit à la faire. Pour lui, visiter les États-Unis, c'était encore continuer l'entretien avec Tocqueville; mais les États-Unis eux-mêmes lui avaient été trop étroits : il y avait joint, pour commencer, le Canada, et, en finissant, le Mexique. Comme voyageur, il jouissait évidemment de se compléter...

1. Elle n'eut pas même la durée de la République. L'École d'administration, malgré son utilité réelle, fut licenciée sous le ministère de M. de Falloux.

Ce Mexique d'Ampère, à sa date, avait sa nouveauté : il était observé dans ses mœurs avec justesse, avec ironie dans son gouvernement et sa politique, avec érudition et lumière dans ses antiquités, et il offrit à l'auteur le prétexte d'une prophétie ou d'une utopie grandiose sur l'avenir réservé à l'isthme de Panama. L'auteur se risquait à y prédire la fondation d'une ville, d'une Alexandrie colossale qui serait un jour la reine des cités de l'univers; et si elle se fonde jamais, il ne sera que juste en effet qu'une des plus grandes rues y porte le nom d'Ampère.

Il se plaisait en tout aux rapprochements et aux contrastes : en partant de Vera-Cruz pour Mexico (fin de février 1852), il retenait d'avance sa place sur un bateau à vapeur qui partait pour l'Europe à jour fixe en avril, et il écrivait au Collège de France qu'il ouvrirait son cours le 10 mai pour le second semestre. L'affiche donna l'annonce, et il tint la gageure; il était à son poste le 10 mai : le Mexique avait été parcouru et dévoré dans l'intervalle...

Sa vie d'ailleurs allait bientôt changer de cours et trouver à graviter autour d'un autre centre. L'établissement du second empire mit, on doit le dire, Ampère hors de lui; qu'on l'en loue ou qu'on l'en blâme, il n'y a pas un autre mot pour rendre la disposition morale dans laquelle il entra désormais. Cependant je le trouve encore à la fin de 1852 faisant partie du Comité de la Langue et de l'Histoire au ministère de l'instruction publique, et chargé par le Comité de rédiger les *Instructions* pour le *Recueil des Poésies populaires de la France*, décrété par M. Fortoul et qui ne se fit pas. Les *Instructions* données par Ampère (1853) sont restées utiles et continuent de rendre son nom recommandable à tout un groupe spécial de travailleurs. Mais ce fut son dernier acte de présence, son dernier effort parmi nous. Il ne tarda pas à nous échapper. Le séjour de la France lui était devenu comme insupportable; l'Italie l'attirait chaque jour davantage. Il avait eu, dès son séjour à Sorrente avec Tocqueville, l'occasion de connaître une famille française opulente et distinguée[1]

1. La famille Cheuvreux.

qui avait concentré son orgueil et sa tendresse sur une jeune femme aimable[1], amie de l'esprit et profondément atteinte dans sa santé.

Ampère, dans les années suivantes, eut l'occasion de se lier plus particulièrement avec les mêmes voyageurs que l'Italie avait fixés, et quand il s'aperçut que sa conversation d'une ou deux heures chaque après-midi était un intérêt, un soulagement, peut-être un besoin pour la délicate malade, il n'y tint pas ; son imagination si voisine de son cœur s'enflamma, et il enchaîna de nouveau sa vie. L'intimité avec Tocqueville ne fut pas sans s'en ressentir. Cet ami, dont la santé continuait elle-même de s'altérer de plus en plus, appelait des sollicitudes et des soins qu'il était impossible de partager à distance entre deux affections presque égales ; mais déjà cette égalité n'existait plus. Tocqueville, avec le tact qu'il portait en toutes choses, fut le premier à pressentir, puis à constater le changement, et, allant au-devant des scrupules de son ami, il s'appliqua à le tranquilliser, à le dégager. Il écrivait à Ampère le 1er janvier 1858 :

« ... Je désire du fond de mon âme que vous soyez heureux, quand même ce serait loin de nous. Ceci me ramène à ce que vous me dites dans votre dernière lettre... Cette lettre m'a causé un certain chagrin dont vous ne devez pas me savoir mauvais gré ; elle a achevé de me prouver qu'il s'était fait un changement considérable dans votre vie, et que d'ici à longtemps il n'y avait point d'espérance de vous voir, si ce n'est en passant et pour peu de temps. Le centre de votre existence est désormais à Rome : nous ne sommes plus que l'une des extrémités de la circonférence. Voilà le côté triste de l'affaire, et il faut nous pardonner, si nous le voyons et nous en affligeons un peu. Le bon côté que nous voyons aussi, c'est que vous menez, après tout, la vie que vous avez choisie, qui vous plaît, et qui renferme en effet bien des choses de nature à plaire. La société d'une famille aimable et distinguée, des habitudes agréables sans lien trop étroit, et, pour couronner le tout, le séjour de Rome, voilà ce que notre amitié si sincère se dit pour la consolation de ne pas vous voir. Je vous assure avec toute sincérité que cette

1. Madame Guillemin, leur fille.

amitié est d'assez bon aloi pour trouver une vive satisfaction dans ces pensées ; et pourvu que vous ne nous oubliiez pas, ce que je sais que vous ne ferez point, nous nous tenons pour satisfaits. Restez donc là-bas aussi longtemps que cela vous paraîtra bon, sans craindre de refroidir notre affection pour vous... »

Et encore de Cannes, où il était allé passer son dernier hiver, et où il venait d'éprouver une crise violente, Tocqueville lui écrivait le 30 décembre (1858) :

« Je puis bien vous assurer en toute vérité que je n'avais pas besoin de tous les détails que vous me donnez pour être convaincu que, si vous n'êtes pas déjà venu à moi, c'est que les raisons les plus fortes vous en empêchaient. J'ajoute, mon bon et cher ami, que non-seulement je ne vous ai pas attendu, sans pour cela vous en vouloir dans un degré quelconque, mais, je vous dis ceci du fond du cœur, que je vous prie très-instamment et très-sincèrement de ne pas venir. Je vous connais jusqu'au fond, et c'est pour cela que j'ai une affection si véritable pour vous ; je juge peut-être mieux l'état de votre âme que vous ne pouvez le juger vous-même ; je sais que, si vous veniez ici, vous y vivriez dans un état d'agitation intérieure et profonde que rien ne pourrait dérober à mes regards. Cela vous ferait souffrir, et la vue de cette agitation détruirait de fond en comble tout le plaisir que me ferait sans cela votre présence. Il faut savoir prendre le temps comme il vient. Votre cœur est le même pour moi, mais les circonstances sont changées. Le moment de crise (et je ne crois pas en avoir éprouvé une pareille dans toute ma vie) est d'ailleurs passé. J'ai repris mes forces... »

Mais les crises se succédèrent. Tocqueville s'affaiblissait de jour en jour. Il mourait avant qu'Ampère pût le revoir. Celui-ci, profitant enfin d'un éclair de liberté, accourait d'Italie ; il arriva trop tard. Les déchirements de ce cœur qui n'avait pu tout concilier ne sauraient mieux se peindre que dans la lettre suivante, par lui adressée sur le moment même à M. de Loménie, et dont quelques mots sont à demi effacés par des larmes :

Marseille, 26 avril (1859).

« Mon cher ami,

« Je vous écris de Marseille, où il y a eu hier huit jours j'arrivais de Rome et où la nouvelle entièrement inattendue de l'affreux événement m'a foudroyé. J'étais dans une complète illusion, née de celle du cher malade avec lequel je n'avais cessé de correspondre que lors des accidents du mois de janvier, et alors une lettre de M. Bunsen était venue bientôt me rassurer après de vives alarmes en m'annonçant sa convalescence. Depuis, Tocqueville m'avait écrit, comme à l'ordinaire, les lettres les plus rassurées, toujours d'une grâce d'amitié charmante, et témoignant d'une entière liberté d'esprit. Moi qui savais qu'il s'inquiétait beaucoup de sa santé, je ne pouvais croire à aucun péril prochain, en lui voyant cette absolue sécurité. Autour de lui, on semblait la partager, et une lettre écrite par madame Bunsen à une de ses amies de Rome le 29 mars dernier parlait de convalescence en progrès : elle confirmait les nouvelles qu'il m'avait données quelques jours avant. Nous avions discuté ensemble le moment où mon voyage à Cannes lui serait le plus agréable et où les anxiétés et les douleurs dans lesquelles j'ai passé l'hiver, étant moins violentes, rendraient mon départ plus facile. Je suis enfin parti, il y a dix jours, non pas appelé par l'inquiétude, mais seulement par l'impatience de le voir, (par) la pensée de remplacer Beaumont que je savais auprès de lui depuis quelque temps et de passer avec mon ami convalescent un mois agréable comme un mois de Tocqueville. J'arrivais ainsi lundi de la semaine dernière à Marseille, quand un journal m'a appris que l'avant-veille il avait cessé de vivre. — J'ai d'abord été comme fou de douleur et de stupeur. Le lendemain j'ai pensé à madame de Tocqueville. J'ai envoyé une dépêche télégraphique ; on m'a répondu par une autre, m'annonçant la cérémonie funèbre pour le lendemain, sans me dire l'heure. Je me suis procuré à la hâte une voiture de poste et suis parvenu à faire marcher les postillons de manière à n'employer au trajet de Marseille à Cannes que quatorze heures, au lieu de vingt que met la diligence. Je suis arrivé à temps; mais quelle arrivée ! J'ai rencontré dans la rue la bière de celui que je n'avais pas revu depuis que je l'avais embrassé si tendrement à Cherbourg, où il m'avait reconduit. Ses frères étaient là et un ami d'enfance, Louis de Kergorlay. Celui-ci devait ramener la pauvre madame de Tocqueville, un des frères retournant à Nice où il avait laissé sa famille, l'autre reconduisant la dépouille de son frère, qui, d'après sa volonté, reposera dans le cimetière de Tocqueville. Kergorlay a été rappelé par une dépêche télégraphique, et j'ai naturellement offert de ramener madame de Tocqueville. Nous serons à Paris, je crois, seulement vendredi.

» C'est une triste manière d'y arriver; et d'autres inquiétudes ne me permettront pas, je le crains, d'y rester longtemps; mais dans l'état de brisement où je suis par suite de ce que je viens de souffrir et de tout ce que j'ai souffert depuis un an, ce me sera un vrai soulagement de serrer là main de quelques vrais amis comme vous et les vôtres. Communiquez, je vous prie, cette lettre à madame Lenormant et à madame Ozanam, qui sont de ces cœurs sur lesquels compte le mien. Adieu tendrement. »

Tocqueville mourait en avril : la chère malade, pour laquelle Ampère avait tant tardé à venir et qu'il alla retrouver dès qu'il le put, mourait en septembre de cette même année (1859). Fidèle à sa mémoire, il continua de vivre, soit en Italie, soit en France, auprès de la famille adoptive dont il avait partagé et contribué à adoucir les douleurs.

Au milieu de tous ces deuils, de toutes ces alarmes, l'étude avec lui ne perdait jamais ses droits. Le séjour de Rome fut fécond pour Ampère ; il y avait fait, depuis 1824, bien des voyages, mais dans les dernières années la vie éternelle lui était devenue une patrie. A force de la fréquenter et de la posséder dans ses antiquités, dans ses ruines, il s'y sentait comme chez lui et y habitait en idée à tous les âges ; son imagination le transportait à volonté à une époque historique quelconque ou par delà jusque dans les périodes légendaires. Initié à ce degré et mûri, il n'y put tenir et il se dit un jour de récrire toute l'histoire romaine d'un bout à l'autre, depuis et avant Romulus jusqu'aux derniers empereurs, et en s'aidant à chaque pas, en s'autorisant des monuments de toute nature invoqués en témoignage. Le goût de l'Antiquité pure et le génie du passé n'étaient pas tout dans son inspiration : en approchant de l'époque impériale et en la traversant dans ses principaux règnes, il avait un stimulant puissant et un motif de zèle dans sa haine contre le régime impérial ancien ou moderne, à toutes les dates : il commença déjà à lui faire la guerre et à lui décocher des traits bien avant César et de derrière le tombeau des Scipions. Sur cette histoire romaine d'Ampère, si considérable aujourd'hui (elle n'a pas moins de six gros volumes), si intéressante par parties, si instructive même, mais qu'il n'a pas eu le temps de fondre et de composer en un tout harmonieux, je serai à la fois très-franc et très-humble. Et d'abord je ne me sens point un juge compétent : cette érudition si pleine, si nourrie, si fourmillante en quelque sorte, m'éblouit et me dépasse : mais à d'autres égards je n'ai besoin que de mon bon sens tout seul pour résister. En ce qui est des origines, je m'étonne qu'on puisse avoir un avis un peu probable sur bien des choses. Ce que rejette Ampère, ce qu'il admet pour commencer me paraît tout à fait arbitraire et dépendre moins d'une méthode que d'une impression personnelle et d'une espèce de divination qu'il aurait acquise en vivant beaucoup dans les mêmes lieux et en dormant dans l'antre de la sibylle. J'appellerais cela volontiers *le Songe d'Ampère*. Tant qu'il ne se donne que pour le commentateur et le compagnon de voyage de Virgile aux collines d'Évandre, je me plais à le suivre ; c'est de la poésie encore ; mais lorsque, mettant le pied dans l'histoire, il s'écrie tout à coup : « Je crois à Romulus ! » quand il nous annonce en tête d'un chapitre *la vérité sur l'enlèvement des Sabines*, je souris en l'écoutant ; il m'est impossible de voir autre chose dans les diverses sortes d'interprétations auxquelles il se livre qu'un jeu d'esprit soutenu de l'érudition la plus animée.

Lorsqu'il arrive à des époques positivement historiques, je m'étonne encore de la méthode d'Ampère. Il a une vivacité (à cette distance) qui peut avoir son charme et son piquant, mais qui, pour le fond, me jette à tout instant dans la perplexité et le doute. Qu'il en veuille d'avance au grand Scipion, parce qu'il le soupçonne par anticipation d'avoir été une première ébauche, une première épreuve de César, passe encore ; mais qu'il tienne à voir en lui un *charlatan* et que, pour se confirmer dans l'interprétation subtile de son caractère, il écrive : « J'ai demandé aux bustes de Scipion de m'éclairer sur son mysticisme, et leur étude n'a pas été favorable à la sincérité de ce mysticisme : cette physionomie n'est pas celle d'un illuminé sincère, c'est la physionomie d'un homme intelligent, hautain, positif... », un pareil genre de preuves, je l'avoue, me paraît prêter terriblement à la fantaisie. J'admire qu'Ampère, connaisseur de tout temps assez incertain en matière de beaux-arts, se trouve ainsi avoir aiguisé ses sens au point d'être subitement doué de seconde vue et de dépasser Lavater, et en général je ne saurais me faire à cette méthode qui me paraît bien hasardeuse et qu'il affectionne avant tout, de prétendre juger du caractère des hommes d'État par des portraits et des bustes plus ou moins ressemblants et quelquefois douteux; mais, cela dit, ce voyage à travers l'histoire romaine qu'on refait avec Ampère est plein d'agrément et d'instruction; là contradiction même y est profitable : on y remue, on y ravive, bon gré mal gré, ses notions et ses jugements. En arrivant à l'ère des Césars, l'auteur a pu donner toute carrière, avec vraisemblance et d'une manière assez plausible, à son républicanisme littéraire. D'autres, depuis, se sont montrés encore plus durs que lui pour Auguste, à qui l'on fait maintenant un crime d'avoir été un politique profond et d'avoir donné quarante années de paix au monde. Ampère ne termine pas ce règne d'Auguste sans apostropher le vieil empereur et lui dire son fait à dix-huit cents ans de distance : « Non, je ne t'applaudis pas, s'écrie-t-il avec feu et comme prenant sa revanche, pour avoir trompé le monde, qui ne demandait qu'à l'être, et pour être parvenu, avec un art que la soif de la servitude rendait facile, à fonder, en conservant le simulacre de la liberté, un despotisme dont nous verrons se développer sous tes successeurs les inévitables conséquences. Et qu'as-tu fait pour être applaudi? Le peuple romain était fatigué, tu as profité de sa fatigue pour l'endormir. Quand il a été endormi, tu as énervé sa virilité. Tu n'as rien réparé, rien renouvelé; tu as étouffé, tu as éteint... » On a beau dire, je ne puis me faire à un pareil ton et à de pareilles prises à partie personnelles dans le cadre dès longtemps accompli et immuable de l'histoire. Ampère, qui a commencé par dénigrer un peu Scipion le grand Africain, finira aussi par diminuer le plus qu'il pourra le siècle fortuné des Antonins. Cela tient à l'esprit même qui circule dans tout son travail et qui est un esprit de polémique contemporaine très-sensible.

Dans une lettre à la duchesse de Mouchy, à qui certes il ne croyait pas déplaire en tenant ce langage (ô ironie du temps et des choses!), Ampère est allé jusqu'à se qualifier du nom d'*émigré*, — un vilain nom. Il y a tel chapitre en effet de cette histoire ancienne que l'on dirait écrit par un émigré, tant la prévention vivante y domine! Mais encore une fois je me récuse, je ne suis pas juge du fond, et je laisse l'auteur historiquement aux prises avec ses vrais contradicteurs en notre temps, les Mommsen, les Léon Renier. Le *cicerone* en lui me paraît charmant, mais peu sûr. Je suppose que toute cette érudition qui sort et petille de partout est exacte; j'ai pourtant quelque peine, je le confesse, à ne pas me défier un peu des entraînements auxquels je la vois sujette, et j'aimerais à ce qu'un vrai critique, la loupe à la main, y eût passé. En attendant, je jouis en mon particulier de lire les agréables chapitres sur Virgile, Horace, Ovide, Properce, Tibulle, non toutefois sans sourire encore d'entendre Ampère nous dire à propos de ce dernier : « L'aimable Tibulle est le seul des poëtes de ce temps auquel je n'aie pas à reprocher un vers en l'honneur d'Auguste. Les âmes tendres ne sont pas toujours les plus faibles. » Voilà un éloge qui sent son anachronisme et auquel l'ombre de Tibulle ne se serait certes pas attendue. Ampère prend ses opposants partout où il peut. Il y met du point d'honneur et en fait son affaire personnelle. On dirait que Caton, en mourant, lui a légué ses pouvoirs.

Ce qui n'empêche pas, au jugement de quelques bons esprits, que cette *Histoire romaine* ne soit ce qu'Ampère a laissé de mieux et de plus original dans sa vivacité même, une ample étude faite sérieusement et avec passion, et très-estimable malgré les fautes.

Ampère, dont ce fut le dernier enthousiasme, y travaillait avec une incroyable ardeur, lorsqu'il fut enlevé, dans la nuit du 26 au 27 mars 1864, à Pau, où il était alors. Rien dans sa santé atteinte, mais en partie robuste, ne faisait prévoir un si brusque et si fatal dénoûment.

Je n'ai rien eu à dire des sentiments religieux d'Ampère, desquels pourtant plusieurs de ses biographes ont cru devoir s'occuper comme s'il leur avait donné des espérances. Il était un esprit essentiellement philosophique et trop habitué à la considération des lois générales pour que l'idée du surnaturel vînt l'en détourner. Cependant son respect pour les convenances était tel, ses égards pour ses amis allaient si loin, sa sensibilité par moments empiétait si fort sur sa pensée, qu'il n'est pas impossible, à ne juger qu'humainement et par les dehors, — qu'il est même assez probable, — qu'il eût accordé, s'il en avait eu le temps, satisfaction aux vœux et aux instances de ses entours. Permis à ceux qui souhaiteraient pour lui quelque chose de plus encore de le supposer. Il professait particulièrement un tendre respect pour la nuance de catholiques libéraux dont Ozanam était à ses yeux le type.

Et maintenant que je suis parvenu au terme de cette longue et encore bien incomplète description d'une nature à la fois si riche et si éparse, je reviens sur une question que je me suis faite et à laquelle il semble que j'aie déjà répondu, et, me remettant à douter (ce qui est mon fort), je me demande derechef si en effet il eût mieux valu pour Ampère concentrer son esprit, son étude et son talent sur une œuvre et sur un livre, sur cette *Histoire littéraire de la France* à laquelle je mettais tant de prix et que je lui désignais comme son meilleur emploi. Sans doute, en s'y attachant avec suite, il eût contribué plus sûrement à sa renommée, à son autorité, sinon à sa gloire : il eût composé un livre excellent et durable, en vue de tous, à l'usage de tous ; il eût continué de faire l'éducation supérieure de plusieurs générations successives ; quiconque se fût essayé dans cette voie critique l'eût rencontré sans cesse sur son chemin et pendant ces quinze dernières années et dans celles qui suivront ; on aurait eu, en chaque sujet littéraire, à compter avec lui ; mais en lui imposant cette tâche, en lui supposant ce souci, suis-je bien entré dans l'esprit de l'homme, ne l'ai-je point tiré un peu trop à moi et dans le sens de ce que je préfère moi-même ? L'imaginer, le désirer tel, n'est-ce pas substituer insensiblement un autre Ampère à celui qu'avait fait la nature et dont la société s'est si bien trouvée ? Voyons un peu : le livre une fois conçu et bâti (et il l'était), en tout lieu, en toute occasion, il n'eût été occupé qu'à l'achever, à le remplir dans toutes ses parties ; puis, une fois imprimé, qu'à le reprendre et à y revenir, à le corriger, à le compléter et à l'enrichir de tout point, à le tenir ouvert, à jour, au courant des moindres recherches comme on en a tant fait sur le moyen âge depuis vingt-cinq ans, sur la Renaissance, et même sur le XVIIe siècle. Une seule erreur découverte dans une de ses pages l'aurait rendu malheureux et ne lui eût pas laissé de repos qu'il ne l'eût rectifiée et fait disparaître. Des milliers de détails l'eussent partagé et absorbé. Il n'aurait songé qu'à multiplier les éditions, c'est-à-dire les perfectionnements, tout comme M. Henri Martin pour son *Histoire de France*. Il serait devenu l'homme d'un seul livre : il n'eût plus été l'amateur universel. Le style aussi l'aurait démangé sans cesse ; pour être artiste il faut être un peu ouvrier : cela consume des heures, et l'expression après laquelle on a couru vainement vous poursuit ensuite jusque dans le monde ou vient couper vos méditations solitaires. Ampère, établi l'historien d'office d'une grande littérature et ayant charge d'un monument, serait donc devenu un autre Ampère que celui que nous avons eu et qui ne calculait rien ; gai, libre, capricieux, distrait ou absorbé, tout à la veine présente, obéissant à tous les souffles, à toutes les fougues de l'intelligence, il n'aurait plus rayonné en tous sens ; il aurait moins su, moins appris avidement de tout bord.

Arrivé dans son sujet à des époques en vue, à la période classique de son histoire, il aurait dû y séjourner longuement et tourner beaucoup, pour les renouveler, autour de choses connues et de chefs-d'œuvre tout domestiques, lui qui n'était jamais plus heureux que hors de chez soi. Il n'aurait plus été aux ordres de l'une ou de l'autre de ses nombreuses et brillantes facultés à toute heure : il n'en aurait pas eu seulement la dépense et le plaisir, il en aurait eu l'économie. Esclave d'une pensée unique ou dominante, à la tête de quinze ou vingt volumes toujours présents et en cours d'exécution, ayant l'œil aux travaux d'autrui pour en profiter ou pour se défendre, condamné à un vrai régime de patience, il n'aurait plus été aussi libre de ses mouvements ; sa chaire l'eût assujetti jusqu'au bout : il aurait dû se retrancher bien des excursions et plus d'un voyage. Rome ne l'aurait pas si fort captivé, ni transformé jusqu'à la moelle en citoyen romain ; Paris serait resté son centre et sa capitale, il n'aurait plus fait l'école buissonnière en grand. Avec moins d'oubli et d'abandon, il eût été moins aimable, moins délicieux en société, moins cher à ses amis, peut-être moins digne de l'être. Au lieu de se prodiguer avec eux et de verser sans compter, il se serait ménagé ou dérobé à de certains jours. Dans tous les cas, il aurait moins joui pour lui-même; il aurait moins pensé, moins embrassé à souhait le temps et l'espace, il aurait moins vécu. Au point de vue de la philosophie supérieure et suprême, qu'y a-t-il donc à regretter?

C.-A. SAINTE-BEUVE
de l'Académie française.

A

M. ALEXIS DE TOCQUEVILLE

Mon cher ami,

Comment pourrais-je ne pas vous dédier un écrit qui est votre ouvrage? C'est la *Démocratie en Amérique* qui a fait naître en moi le désir de visiter l'Amérique et m'a aidé à la comprendre. Chaque jour, chaque heure passés aux États-Unis étaient un commentaire de votre œuvre, une vérification de vos pensées. Les faits particuliers ne sont qu'une traduction des théories vraies. Je voudrais que, dans ces impressions sincères, il m'eût été donné de traduire par mes observations de chaque jour les hautes vérités que vous avez proclamées, comme j'ai essayé, il y a bien des années, de les traduire en vers, dans une épître inspirée par l'apparition de la seconde partie de votre ouvrage, dans laquelle se trouvent les choses les plus profondes peut-être que vous ayez écrites; épître amicale, dont je vous demande la permission de vous rappeler un fragment. J'ai cherché à dire après vous, et d'après vous, combien la liberté et l'égalité, ces nobles aspirations de l'âme, sont difficiles à concilier, et combien leur conciliation est nécessaire.

. . . .

. . . .

Suivant le cours du Rhin, je vois sur les coteaux,
A gauche, à droite, fuir de rapides châteaux,
Hérissant de leurs murs les montueux rivages
Et comme suspendus aux noirs flancs des nuages.
Votre livre me suit, je ne le puis quitter;
Quel lieu serait plus propre à le bien méditer?
Voici, dans ses débris, l'âge aristocratique;
D'autre part, la vapeur est très-démocratique;
Je puis donc comparer les deux mondes divers,
Dont, pour votre œil perçant, les secrets sont ouverts!
Le vieux monde est là-haut, debout sur ses collines,
Colossal, mais croulant, altier, mais en ruines;
L'autre est plus bas, il est ici, c'est ce bateau,
Prosaïque, mais fort, mais hardi, mais nouveau!

Oh! que je comprends bien votre mélancolie,
Quand, devant ce passé qui chaque jour s'oublie,
Vous contemplez ces temps de force, de grandeur,
Et dont l'humanité paya cher la splendeur!
Mais qui montrent du moins, dans leurs maux, dans leurs fautes,
Des personnages fiers, des existences hautes;
Quand l'inégalité liait d'un nœud puissant
Le maître héréditaire au serf obéissant;
Entre les lots humains, alors, point d'équilibre;
Pour cent déshérités un seul est fort et libre.
Pareil, en son orgueil, à ces gothiques tours,
Aires d'aigles, souvent, hélas! nids de vautours.
Celui-là vit, du moins, d'une énergique vie,
Tyran sans maître et chef de la plèbe asservie;
S'il opprime, il protége en lui la liberté,
A des aïeux et songe à sa postérité.
Délivré du souci qui tous nous importune,
Il n'use point sa vie à créer sa fortune.
L'instinct de la durée occupe chaque esprit,
Pour elle l'on travaille, on bâtit, on écrit,
On n'est pas tout entier dans le moment qui passe,
Et l'homme, au sein du temps, occupe plus d'espace!

. . . .

Vous ne regrettez point ce passé condamné,
Car votre esprit sait trop dans quel siècle il est né.
Vous savez, noble ami, que l'égalité règne;
Il la faut accepter, qu'on l'aime ou qu'on la craigne;
Dans son chemin sanglant, après tant de combats,
Le genre humain vainqueur ne reculera pas.
Et d'ailleurs, sur un fait qu'on déclame ou qu'on glose,
Quand il s'agit de tous, le nombre est quelque chose.
L'autre ordre, à quelques-uns, devait sembler très-beau;
Sur le nombre il pesait, humiliant fardeau!

Quant à moi, ces vieux temps me plairaient fort, en somme,
Si tout le monde alors était né gentilhomme!
Aussi vous proclamez bien haut l'égalité,
Cette fille du temps, de la nécessité,
Ce flot qui chaque jour élargit son rivage,
Cette religion qui grandit d'âge en âge,
Dogme qu'au Golgotha le martyr immolé [1]
Comme un secret divin au monde a révélé.
Mais, au pouvoir nouveau qui gouverne la terre,
Ami, vous adressez une parole austère :
Que le sultan du jour par d'autres soit flatté;
De vous il entendra du moins la vérité.
Oui, vous avez raison, tout semble se dissoudre,
Car les lois sont de sable et les mœurs sont en poudre;
L'ancien monde n'est plus, l'autre n'est pas encor.
Comme ces grands oiseaux dont le puissant essor
Suivait votre vaisseau sur la mer Atlantique,
Loin de la vieille Europe et loin de l'Amérique,
Dans l'espace égarés, lassés, battus des vents,
Chancelaient éperdus sur les déserts mouvants;
Ainsi nous chancelons, battus par les orages,
Sur l'abîme flottants, loin de tous les rivages.
Quand la foule imprudente en détourne son œil,
Pilote vigilant, vous signalez l'écueil!
Vous nous dites : Craignez de nouvelles misères;
Craignez de ne pas être aussi grands que vos pères.
Les nations n'ont plus, pour le maintien des droits,
Ces familles, ces corps, qui résistaient aux rois;
Tous, étant isolés, sont faibles, sans défense;
L'isolement peut-il fonder l'indépendance?
Dans les cœurs fatigués de désordre et de bruit,

1. Les Pères ont appelé le Christ le premier martyr.

Il se fait un grand vide, une effroyable nuit.
Toute âme se dessèche au vent de l'égoïsme,
Qui peut l'abandonner, cadavre, au despotisme.
Ah! c'est le mot fatal qui vous remplit d'effroi;
Oui! que cet ennemi s'appelle peuple ou roi,
C'est lui qu'il faut surtout redouter et combattre;
Car vous n'élevez pas la voix pour nous abattre,
Car vous ne voulez pas, prophète désolé,
Vous asseoir et gémir sur le monde ébranlé.
Ce n'est point pour glacer, mais armer les courages,
Que vous nous dépeignez, dans vos plus belles pages,
Ce despote, oppresseur des fils de l'Union,
Qu'on nomme multitude ou bien opinion;
Qui blesse les cœurs fiers, courbe les âmes viles,
Rampant dans leur orgueil, superbement serviles;
Qu'adorent à genoux des tribuns courtisans,
Qui se repaît d'erreur, de mensonge et d'encens!
Ou que vous nous montrez, au sein de nos conquêtes,
Cet absolu pouvoir qui menace nos têtes.
Non pas l'œil sombre et dur, le bras souillé de sang,
Mais le bras désarmé, l'œil louche et caressant,
Énervant par degré toute force virile;
Qui, sourdement actif, mortellement habile,
Tuteur des nations, les voudrait soulager
Du soin de se régir et de se protéger,
Et qui, croissant toujours dans l'ombre et le silence,
S'étendrait sur l'État ainsi qu'un piége immense!
Pour conjurer ces maux nés de l'égalité,
Aimez-nous, dites-vous, aimez la liberté!
Ah! c'est là la grandeur de votre œuvre immortelle,
A son culte épuré d'être vraiment fidèle,
De ne la pas confondre avec les passions,
Que soulève le flot des révolutions;

De voir en elle une arme, un remède héroïque,
Au danger qui menace un temps démocratique !
Vous voulez rendre un cœur à ce siècle abattu
Et de la liberté lui faire sa vertu !

J.-J. AMPÈRE

14 juillet 1855.

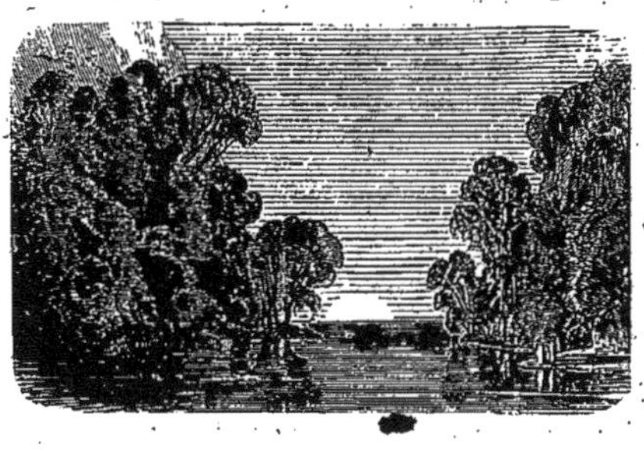

PROMENADE

EN AMÉRIQUE.

CHAPITRE PREMIER.

Motif du voyage. — Fanny Kemble. — Départ. — Haute opinion qu'ont les Américains de leur pays. — Nuances sociales. — Ce qu'on appelle une révolution aux États-Unis. — Les juges élus par le peuple. — Traversée. — Arrivée à New-York. — Premier aspect de cette ville. — De New-York à Boston.

Quand on a parcouru l'Europe du nord au midi et mis le pied dans les deux autres parties de l'ancien monde, quand on a étudié l'antiquité en Grèce, en Italie, en Égypte, — le moyen âge et les temps modernes en Scandinavie, en Allemagne, en Espagne et en Angleterre, — le monde musulman, dont le caractère dominant est l'uniformité, au Caire et à Constantinople, — si l'on veut voir quelque chose d'entièrement nouveau, je crois qu'il faut aller en Amérique, du moins tant que la Chine ne sera pas ouverte et que la lune ne sera pas accessible. Voilà pourquoi je vais m'embarquer aujourd'hui à Southampton pour les États-Unis. Ce départ surprendra peut-être un peu les lecteurs qui ont bien voulu me suivre dans d'autres pérégrinations, dont le motif se rattachait à la littérature ou à l'érudition; à ces lecteurs assez bienveillants pour se souvenir de mes travaux, je répondrai qu'après avoir contemplé les monuments des sociétés du passé, j'ai été tenté d'observer dans son progrès une société nouvelle. Il était curieux sans doute de chercher à déchiffrer, sous des hiéroglyphes de quatre mille ans, une civilisation presque effacée; il ne l'est pas moins peut-être de chercher à lire, dans les traits d'une civilisation encore jeune, ce qu'elle sera un jour. Les prodiges de l'industrie humaine, appelée à changer rapidement la face du globe, ne doivent pas être méprisés, quelque admiration que méritent les statues de Phidias et les vers de Dante ou d'Homère. Or, de notre temps, il s'est formé ou plutôt il se forme une société à laquelle un immense avenir semble promis. Nulle part sous le soleil une plus grande activité n'est déployée dans le champ de la civilisation nouvelle. J'ai été tenté de donner à mes yeux et à mon esprit ce spectacle après tant d'autres spectacles. Ajouterai-je que le beau livre de M. de Tocqueville sur la *Démocratie en Amérique* et les entretiens de l'illustre auteur, qui veut bien m'appeler son ami, ont encore excité mon désir en l'éclairant? Dirai-je enfin que, sur ce continent utilitaire, à travers la fumée des usines et des locomotives, j'ai entrevu, pour les curiosités du savoir, quelques antiquités sur les bords de l'Ohio et sur le plateau mexicain; pour les plaisirs de l'imagination, une poétique nature, la chute du Niagara, les palmiers des tropiques? Je m'arrête; j'en ai dit assez pour m'excuser d'écrire, si, en finissant, le lecteur me pardonne d'avoir écrit.

Southampton, 27 août 1851.

Hier j'étais à Londres, dans le *Palais de cristal*. Je viens d'assister à l'*Exposition universelle*, le premier fait vraiment universel dans l'histoire des hommes. Oui, c'est la première fois, depuis le commencement du monde, que les hommes font quelque chose en commun, que tous les peuples se réunissent dans l'unanimité d'une même entreprise, sans distinction de patrie, de race ou de croyance : événement mémorable et prophétique, car il annonce et inaugure, pour ainsi dire, l'unité future du genre humain.

Aujourd'hui je vais quitter l'Angleterre pour les États-Unis; je vais aller contempler dans toute la liberté de son action cette puissance de l'industrie, dont j'ai admiré à Londres les résultats cosmopolites; mais, avant de laisser derrière moi le rivage de l'Europe, je demande la permission de raconter une rencontre que j'ai faite et qui a été pour moi une piquante et gracieuse anticipation de l'Amérique.

Dans le wagon qui m'a amené de Londres à Southampton, ainsi qu'un Américain très-distingué, M. Théodore Sedgwick, avec lequel je vais m'embarquer, se trouvait une dame anglaise, qui accompagnait la mère et la sœur de M. Sedgwick. Cette dame me frappa tout de suite par la fermeté de son langage et le tour original de son esprit : c'était Fanny Kemble, dont le capricieux et poétique volume sur les États-Unis, vrai livre de jeune fille, m'avait charmé, et, bien qu'un peu sévère pour les mœurs américaines, m'avait donné pour la première fois l'envie de faire le voyage que je fais aujourd'hui. La nièce de madame Siddons a sur le front, dans le regard, dans tout l'ensemble de sa personne, un reflet de Melpomène. Bien des choses se sont passées depuis qu'elle écrivait ce qu'elle appelle aujourd'hui ses *impertinences* sur les mœurs américaines et ses courses à cheval au bord de l'Hudson, et les vers charmants que ces lieux lui inspiraient. Quoiqu'elle ait emporté de tristes souvenirs du pays qu'elle avait choisi, elle comprend mieux aujourd'hui les avantages sociaux de ce pays, où, me disait-elle, on a le sentiment que personne ne souffre de la misère autour de vous; mais elle paraît refroidie sur les beautés naturelles qu'il peut offrir. Pour moi, je m'en tiens, sous ce rapport, à ses impressions de vingt ans [1].

M. Sedgwick, avec lequel j'ai le bonheur de faire la

1. Un autre hasard de voyage, encore plus heureux, m'a permis de connaître et d'apprécier davantage celle qu'une étoile favorable me faisait rencontrer cette fois à Rome, auprès de sa sœur, madame Sartoris. Je serais bien ingrat si je ne donnais un souvenir reconnaissant à nos promenades dans la campagne de Rome, qu'animait un enthousiasme si vrai pour cette région incomparable. Sept à huit personnes, qui s'étaient choisies, allaient deux fois toutes les semaines dans les lieux les plus pittoresques et les plus célèbres, tantôt se livrer à des gaietés

traversée, est un avocat et un jurisconsulte éminent de New-York; il a toute la vivacité d'esprit et tout l'entrain qu'on attribue à nos compatriotes. Du reste, en vrai voyageur américain, il ne se presse point, regarde tranquillement sa montre, et déclare que nous avons encore un quart d'heure pour nous rendre à bord, comme s'il s'agissait d'aller de Paris à Saint-Cloud. Les dames ne sont pas plus agitées que lui. En effet, nous arrivons à temps, et au bout de deux heures nous sommes sur le *Franklin*, parti ce matin du Havre, et qui attendait à Cowes, dans l'île de Wight, la correspondance de l'omnibus à vapeur de Southampton. Nous ne partirons pas ce soir, parce qu'il y a du brouillard. Cette prudence chez un capitaine américain m'étonne; mais M. Wooton est un officier aussi sage que hardi. Pour tempérer l'audace naturelle aux marins des États-Unis, le capitaine d'un bateau à vapeur de cette compagnie doit avoir 28,000 dollars à bord, environ 150,000 francs.

d'enfant, tantôt éprouver les plus hautes admirations de l'art, quand, après que sa sœur nous avait fait entendre, avec cette voix que l'Angleterre a applaudie, un air d'Hændel, madame Kemble déclamait en grande tragédienne, devant cette nature sublime, un morceau de Shakspeare.

En mer, 28 août.

Je me suis levé avant que le bâtiment fût en marche. Tout à coup les roues ont commencé à tourner, et nous voilà en route pour l'Amérique.

Tandis que nous longions l'île de Wight, un Américain m'a dit : « C'est à peu près comme *Long-Island*, en face de New-York. » Le premier trait de caractère que je remarque sur ce bâtiment, où la grande majorité des passagers appartient aux États-Unis, c'est l'occupation constante et la glorification perpétuelle de la patrie. L'Amérique est l'idée fixe des Américains : la conviction de la supériorité de leur pays est au fond de tout ce qu'ils disent ; on la retrouve même dans l'aveu de ce qui leur manque. Ainsi chacun a soin de me prévenir que je ne dois pas m'attendre à trouver dans une société nouvelle les raffinements des vieilles sociétés de l'ancien monde : rien de plus sensé ; mais dans cet empressement à m'avertir de ce qu'il ne faut pas chercher aux États-Unis, je reconnais les précautions d'un patriotisme inquiet, toujours en défiance des jugements de l'étranger. Ces précautions ressemblent assez aux avertissements d'un auteur invitant, dans sa préface, à ne point chercher dans son livre des qualités qu'il ne serait pas fâché qu'on y découvrît. Les Américains diraient volontiers de leur pays, né d'hier : *Nous n'avons mis qu'un quart d'heure à le faire.* Il est vrai qu'il serait souverainement injuste de leur répondre avec le misanthrope :

... Le temps ne fait rien à l'affaire.

Je n'entends guère articuler de louanges directes des États-Unis, mais je ne sais comment il arrive que, dans tout ce qu'on en dit, ils se trouvent toujours avoir l'avantage. Les farines françaises sont excellentes, mais les farines de Virginie sont encore meilleures; les huîtres qu'on mange aux États-Unis sont supérieures à toutes les huîtres. Ce sont de petits faits qui viennent se placer naturellement dans la conversation, à titre de renseignement, et dont on vous laisse tirer la conséquence. Je ne saurais me défendre de la pensée que c'est un chagrin pour les habitants des États-Unis de ne pouvoir prétendre qu'un Américain a découvert l'Amérique. Du reste, ce sentiment de prédilection pour leur pays n'a jusqu'ici rien d'offensant ni d'agressif; j'ai plaisir à le voir percer sans cesse. Les occasions qu'il saisit pour se produire peuvent me faire sourire, mais en somme il m'inspire de l'estime pour le peuple américain. En France, surtout depuis quelque temps, nous faisons trop bon marché de nous-mêmes, nous sommes trop dénués d'illusions sur notre propre compte. Il vaut mieux, pour une nation, se respecter et même s'admirer un peu trop que se dénigrer à plaisir et se prendre philosophiquement en pitié [1].

Sur ce bâtiment, je trouve déjà l'occasion d'observer comment le principe d'égalité se combine avec les inégalités que l'éducation et les habitudes tendent inévitablement à établir entre les hommes. Parmi les passagers, nul n'a de titre ou de rang fixe; mais il arrive tout naturellement qu'il se forme des associations entre

1. Cependant on ne peut souscrire à tous les éloges qu'il plaît parfois aux Américains de se donner. M. Wipple a établi dans des lectures publiques, données il est vrai aux États-Unis, que les vertus principales de ses compatriotes étaient, en premier lieu, l'habileté; en second lieu, la générosité; en troisième lieu, l'héroïsme. La première de ces qualités s'accorde mieux que les deux autres avec le talent qu'il accorde à l'Américain de faire entrer dans sa tête la cervelle des autres peuples pour faire arriver leur argent dans sa poche.

les personnes dont la condition sociale est analogue. Il y a une table où se trouvent réunis le fils et la fille du gouverneur de l'État de New-Jersey, M. Sedgwick et sa famille, un planteur de Virginie dont les manières et la tournure sont tout à fait européennes, et qui, avec sa jeune et charmante femme, vient de visiter l'Italie, la Grèce et Jérusalem. Des négociants de la Nouvelle-Orléans se sont assis à une autre table, des Français qui vont en Californie à une troisième : il n'existe aucune séparation absolue entre ces différents groupes, rien n'empêcherait ceux qui font partie de l'un de se mêler à l'autre; mais cela n'arrive point, et je commence à comprendre comment des mœurs démocratiques peuvent ne pas entraîner nécessairement un pêle-mêle universel.

On parle beaucoup politique autour de moi; j'écoute avec un grand empressement ces conversations; elles roulent rarement sur les intérêts généraux de l'Union, presque toujours sur les intérêts particuliers des différents États dont la fédération se compose, et qui, comme on sait, ont chacun leur code et leur gouvernement. En ma qualité de Français, il m'est arrivé de demander comment tel et tel point de droit, tel ou tel détail de l'administration, étaient réglés aux États-Unis; on me demandait à mon tour duquel des vingt-trois États je voulais parler. Il y avait quelquefois vingt-trois réponses à ma question. Les hommes, fort éclairés du reste, que je consultais me paraissaient connaître surtout la législation et l'organisation politique de leur État; bien qu'un esprit analogue pénètre dans toutes les parties de l'Union, les diversités sont grandes. L'indépendance et la vie propre des États, en tout ce qui ne touche point à l'intérêt universel de la fédération, sont un des premiers traits qui frappent un Français dans les institutions américaines.

Un autre résultat de ces institutions, c'est la facilité avec laquelle elles peuvent être modifiées sans secousse et sans danger. J'entendais sans cesse parler de *conventions* et de *révolutions* auxquelles plusieurs personnages présents avaient pris une part active. Chez nous, ces mots réveillent des idées terribles. Aux États-Unis, le jour où l'on veut changer quelque article de la constitution d'un État, on s'adresse à la législature, qui propose la réunion d'une convention. Le peuple consulté prononce que la convention sera convoquée. La constitution amendée par celle-ci est soumise à la ratification du suffrage populaire. C'est ce qu'on appelle ici une *révolution*.

Une de ces révolutions a changé dans l'État de New-York l'organisation judiciaire, et ce changement a été imité dans plusieurs autres États ; il consiste à faire nommer les juges par les électeurs. C'est une application bien étrange et bien extrême du principe de l'élection que de faire voter ceux qui doivent être pendus pour la nomination de ceux qui doivent les pendre, d'autant plus que les juges ainsi élus ne le sont que pour un temps, et pour un temps assez court. Il me paraît impossible que cette mesure n'ait de grands inconvénients, ou au moins n'offre de grands dangers. Voilà le droit sacré de rendre la justice, ce droit qu'on doit s'efforcer de maintenir dans une région supérieure aux passions politiques, tombé dans leur domaine et devenu le prix du combat, la proie du vainqueur. On me répond par cette expression transportée du langage de la mécanique dans l'idiome politique des États-Unis : *it works well*, cela fonctionne bien. On m'assure que les choix ont été jusqu'ici excellents, que le discernement populaire a décerné la magistrature aux meilleurs jurisconsultes. Je n'en pense pas moins que ce mode d'élection est un empiétement du suffrage universel sur ce qu'il serait le plus important de lui soustraire, que cette magistrature précaire n'a ni la majesté ni la force convenables, et que les États qui n'ont pas encore essayé de cette *révolution* feront bien de ne pas l'accomplir.

Tout en recueillant ces renseignements et bien d'autres de la bouche des hommes les plus compétents, en m'initiant par eux aux secrets de la société singulière que je vais visiter, je n'oublie pas la mer et le ciel. Je passe de longues heures tantôt à l'avant du bâtiment, m'enivrant de la brise, plongeant mon regard dans cette étendue si courte pour les yeux, mais que ma pensée déroule devant moi jusqu'aux rivages de l'Amérique; tantôt à l'arrière, suivant du regard l'allée verdoyante que trace le sillage du vaisseau. Je ne trouve point que la mer offre un spectacle monotone, comme on le dit souvent : elle change à chaque instant d'aspect, de couleur, de physionomie. Cette puissance formidable a le charme du caprice: tantôt sombre et troublée, tantôt calme et radieuse, la mer est tour à tour d'azur, d'émeraude, de plomb fondu, d'huile, d'encre ou d'or. La vie de bord ne m'ennuie point. Je vais de groupe en groupe, comme on va le matin à Paris d'un salon dans un autre. A deux pas sont la solitude, la rêverie, l'immensité. En présence de cette immensité, les enfants jouent sur le pont; la partie jeune de la société rit et danse gaiement, tandis que le ciel se rembrunit et que l'Océan commence à gronder. Enfin, après onze jours de cette vie de conversations, de lectures, de promenades même, car le pont du *Franklin* ferait une assez belle allée de jardin, nous approchons du nouveau continent, ayant franchi mille lieues presque sans nous en apercevoir. Avant d'arriver, un brouillard épais nous enveloppe : ce sont les brumes de Terre-Neuve, qui s'étendent jusqu'ici et qui sont formées surtout par la condensation de la vapeur exhalée de l'eau plus chaude qu'entraîne vers le nord le grand courant maritime appelé *gulf-stream*. La machine s'arrête, et, si elle recommence à marcher, on sonne une cloche pour avertir les bâtiments qui pourraient nous heurter. Le capitaine et le pilote s'évertuent à percer du regard ces ténèbres; elles se dissipent enfin. Nous entrons dans la rade de New-York, qui, quoi qu'on en dise autour de moi, ne ressemble point à la rade de Naples, mais qui n'en est pas moins une rade magnifique, et le *Franklin* vient, à l'embouchure de l'Hudson, toucher le quai que bordent à perte de vue une foule d'autres bâtiments à vapeur. Nous sommes en Amérique.

New-York, 7 septembre.

Avant de mettre pied à terre, et tandis que nous attendons nos bagages, nous apprenons l'issue de l'expédition de Cuba ; elle a échoué : Lopez a été pris et exécuté. Ces nouvelles nous sont données par un jeune cocher de fiacre auquel M. Sedgwick me recommande après avoir causé un moment politique avec lui. Je quitte le bateau, chargé de lettres de recommandation, comblé d'invitations cordiales pour toutes les parties des États-Unis; je n'ai pas lieu de me plaindre jusqu'ici.

Il est vrai que je n'ai pas trouvé les cochers américains aussi aimables que les *gentlemen*. Celui qui parlait si bien sur les affaires de Cuba, et qui devait me conduire à l'hôtel d'Astor pour un demi-dollar, a exigé le double. J'ai fait ce que j'aurais fait en Europe : j'ai demandé en arrivant ce que je devais donner. Deux messieurs étaient au bureau; je me suis adressé à l'un d'eux en lui montrant ma lettre de recommandation pour le propriétaire de l'hôtel. Je dois dire qu'on n'a pas eu l'air de faire la moindre attention à ma lettre, et que l'un des deux employés, sans me répondre, a remis un dollar au cocher avec une facilité qui eût été pleine de bonne grâce s'il eût tiré l'argent de sa poche.

Bientôt le tam-tam, qui remplace la cloche du dîner ici comme à bord, m'a averti d'aller m'asseoir à une table d'hôte de deux cents couverts; je n'ai eu aucune peine à me placer; on ne se précipitait point sur les plats. Suivant l'usage universel aux États-Unis, on buvait de l'eau glacée. Un menu qu'on imprime chaque jour était placé près de chaque convive, et, sur un signe, on était servi par des garçons qui ne manquaient point d'empressement, quoique, ignorant l'usage américain, j'eusse négligé de stimuler leur zèle en donnant d'avance un pourboire à celui qui, dès lors, se charge spécialement de votre personne. En revanche, on ne donne rien pour le service en partant. Le dîner n'a pas été long, mais il ne m'a pas semblé démesurément rapide On était trèssilencieux : ce silence n'était interrompu que par les bouteilles de vin de Champagne, dont les bouchons sautaient

Les Docks de Southampton.

en l'air ; mais je n'ai pas un tel goût pour les conversations de table d'hôte que j'en aie beaucoup regretté l'absence.

Je ne connais pas de plus grand plaisir en voyage que

d'errer au hasard dans une ville inconnue. Chaque ville, en effet, a sa physionomie, son air, et jusqu'à ses bruits particuliers. Ici, cet intérêt est plus vif encore. Arrivé depuis quelques heures en Amérique, cette nouvelle ville est en même temps pour moi un nouveau monde. Je suis longtemps la *Large Rue (Broadway)*, et, au mouvement des voitures et des omnibus, je pourrais presque me croire à Londres, dans le *Strand*. Je marche pendant une heure entre de beaux magasins. *Broadway*, c'est la rue Vivienne de New-York; mais cette rue est beaucoup plus longue que l'avenue des Champs-Élysées. Ce vacarme, cet éclat, font un singulier effet quand depuis onze jours on n'a vu que les flots. Je cherche un quartier moins étourdissant; je longe les bords de l'Hudson. Ici c'est une autre agitation, un autre bruit : les ateliers où l'on construit les machines à vapeur retentissent du fracas des marteaux. Sur le fleuve passent et se croisent les bateaux à vapeur qui le montent et le redescendent. Une très-vive lumière éclaire cette scène, pour moi nouvelle.

Mon premier coucher de soleil en Amérique est bien américain : c'est à travers des mâts, et par-dessus des

New-York. — La Batterie.

chantiers, que je vois l'astre étincelant disparaître dans un ciel d'or. Suivant alors des rues silencieuses, je crois retrouver l'ancienne petite ville hollandaise, aussi calme, aussi flegmatique que la ville américaine est active et ardente, et dont Washington Irving a raconté si drôlement l'histoire imaginaire : les trottoirs en brique, les arbres qui bordent les rues, aident à l'illusion de la Hollande. Puis je rentre dans la partie animée de New-York; je m'arrête devant un magasin comme il n'en existait pas dans le *Nouvel-Amsterdam*, comme il n'en existe peut-être ni à Londres ni à Paris; le *Petit Saint-Thomas* est éclipsé. Je viens de compter cinq étages et soixante-quinze fenêtres. Je n'étais pas seul à admirer : en me retournant, que vois-je? deux sauvages en grand costume, le visage peint, des plumes sur la tête, là, au milieu de cette foule, dans cette rue, devant ce magasin! les propriétaires du sol, devenus étrangers sur ce sol, et presque aussi dépaysés dans la patrie de leurs ancêtres que le serait un Chinois dans les rues de Paris! Toute l'histoire de deux races est là. Le plus redoutable chef indien, dans ses forêts, aurait moins frappé mon imagination par sa présence, m'aurait moins donné à réfléchir et à rêver que ces deux badauds du désert flânant dans la grande rue de New-York.

Je rentre; il y a un concert dans l'hôtel. Je m'endors, la fenêtre ouverte, au bruit de la musique, au murmure d'une eau jaillissante, par un clair de lune napolitain.

Je reviendrai à New-York; mais je suis pressé d'aller voir la ville qu'on dit la plus intellectuelle des États-Unis, Boston, et l'université de Cambridge, auprès de Boston. Trois ou quatre *steamers* partent aujourd'hui; j'en prends un au hasard. Un domestique noir, en me remettant les numéros gravés sur de petites plaques de cuivre qui doivent me servir à réclamer mon bagage, a soin de les glisser adroitement dans ma main sans la toucher. Ce procédé peut avoir ses avantages, mais il fait faire une réflexion pénible sur le rapport des deux races.

Le bateau à vapeur côtoie une rive bordée de vaisseaux, couverte de magasins, d'entrepôts, dont l'aspect n'a rien de poétique, mais qui parlent à l'imagination par leur étendue et par leur nombre. Combien tout cela représente de volonté, d'activité, de puissance! A droite, je ne vois d'autres bâtiments que des hôpitaux, des prisons aux murs gris, à l'air triste et froid, nécessité sévère de la civilisation. A mon retour, j'irai visiter ces hôpitaux et ces prisons, comme en Italie j'allais visiter des galeries et des palais. En attendant, j'ai ce soir la nature à contempler. Depuis l'Égypte, je n'ai pas vu un semblable coucher de soleil. Même en Italie, on ne trouverait point ces teintes enflammées et sanglantes. A l'horizon, je découvre en face de moi une fournaise d'où jaillissent des traits de feu et des lignes d'ombre. Bientôt la fournaise devient un volcan au cratère de nuages lézardés de lignes rouges, puis le cratère semble se briser et faire explosion dans le ciel. Voilà ce qu'est la lumière à cette époque dans l'Amérique du Nord.

Ces bords ne sont pas assez élevés et assez hardis pour être pittoresques; mais le pittoresque n'est pas tout, la grandeur est quelque chose, et la grandeur n'est pas absente, surtout quand, dépassant au clair de la lune une foule de bâtiments à voiles qui semblent fuir comme des fantômes, on se représente les mêmes eaux alors qu'elles baignaient des forêts séculaires, et n'avaient vu que la pirogue de l'Indien glisser à l'ombre de ces forêts, au lieu d'être labourées, comme aujourd'hui, par les roues bruyantes de ce char triomphal de l'industrie et de la civilisation. Je salue cette puissance de la vapeur, qui est l'âme de la société américaine, en répétant ces vers prophétiques de Darwin :

« Bientôt, ô vapeur encore indomptée ! ton bras traînera la barque paresseuse ou poussera le char rapide, ou bien portera un chariot aérien, déployant ses ailes et fuyant à travers les champs de l'espace. »

Une partie de la prédiction reste encore à accomplir ; mais la réalisation de la première semble un garant de l'accomplissement de la seconde.

Sur le bateau j'ai remarqué, ce qui est assez aristocratique, que les passagers des secondes n'entrent dans la salle du souper que lorsque les passagers des premières sont assis. En revanche, voici qui est très-démocratique : après le souper, j'ai demandé un verre d'eau à un garçon ; celui-ci, sans répondre, m'a montré un verre à deux pas, sur la table, avec un geste d'une incomparable majesté.

A moitié route, on quitte le bateau à vapeur pour le

chemin de fer. Dans cette partie du trajet, j'ai commencé à faire connaissance avec le caractère américain. On a passé d'un wagon sur un autre. Moi, avec le laisser aller de mes habitudes européennes, je suis arrivé sans me presser au moment où l'on venait de détacher les deux wagons, et où ils commençaient à s'écarter l'un de l'autre. Tout le monde avait déjà passé du premier sur le second; j'ai sauté; mais, dans cette opération, ma redingote s'est accrochée au wagon que je venais de quitter. L'homme qui les séparait s'est mis à les rapprocher, et, parlant vivement, mais sans élever la voix, m'a commandé l'exercice : « Sautez en arrière! — Attendez! — Sautez en avant! » Du reste, ni une explication, ni une excuse, ni un reproche. Il me semble que ce petit incident offre un frappant exemple du sang-froid et du laconisme des Américains. Plusieurs fois déjà j'ai cru voir comme une exactitude militaire transportée dans les habitudes de la vie civile. Souvent les domestiques qui apportent les plats arrivent au pas, les déposent, à un signal donné, sur la table, y placent ensuite les assiettes en exécutant un mouvement uniforme et mesuré, puis les couteaux et les fourchettes, qui retentissent en même temps comme des crosses de fusil frappant simultanément la terre. Ici tout se fait avec ponctualité, précision, rapidité; nul n'a de temps ni de mots à perdre.

CHAPITRE II

Aspect de Boston. — Souvenir de la Révolution. — M. Ticknor. — Les puritains d'autrefois, les unitairiens d'aujourd'hui. — Un adversaire de l'esclavage.

Boston, 10 septembre.

Le chemin de fer qui m'amène à Boston suit pendant quelque temps une rue de la ville. Les enfants courent près des portières de nos wagons, et les habitants, debout devant leurs portes, nous regardent passer. On est loin des précautions européennes : point d'hommes sur la route du train, le bras tendu, tenant un signal. Ici, lorsqu'un chemin de fer traverse un autre chemin, en général il n'y a point de barrières ; seulement on sonne une cloche au passage du train, et un écriteau avertit les passants de faire attention quand la cloche sonnera. Si un passant ne fait pas attention ou ne se presse pas assez, si une vache se trouve sur la voie, il arrive un accident.

On met dans le journal un article avec ce titre en grosses lettres : *Horrible catastrophe !* et il n'en est que cela. Les wagons sont très-peu confortables ; il n'y a point de seconde classe, chacun s'établit dans de longs omnibus attachés à la suite les uns des autres, et qui communiquent ensemble par une plate-forme ; de chaque côté est une banquette à deux places, au milieu un sentier étroit et un poêle de fonte. Les dossiers des banquettes ne sont pas assez élevés pour qu'on puisse appuyer la tête. On n'a ni sécurité ni commodité ; mais il y a trois mille lieues de chemins de fer aux États-Unis. Ces chemins traversent des forêts où il n'existait naguère que des sentiers d'Indiens. Si on était plus difficile et plus exigeant, on attendrait encore les chemins de fer, qui, malgré leurs imperfections, sont, il faut en convenir, plus commodes que des sentiers d'Indiens.

Boston ressemble plus à une ville anglaise que New-York ; on y trouve un grand nombre de rues d'un aspect tranquille et retiré ; mais la ville n'a rien de sombre ni de puritain. La brique rouge des maisons est plus gaie que la brique noire de Londres. L'entourage des portes et les marches par lesquelles on y arrive sont commu-

Vue de Boston.

nément en granit. Très-souvent les maisons font saillie par une sorte de demi-cylindre, ce qui rompt l'uniformité des façades. Les colonnes de grès rouge, les jalousies vertes et les cheminées blanches, égayent le regard. Devant la plupart des maisons, on voit un peu de verdure, des arbustes et quelques fleurs. Cependant le vieux puritanisme n'est pas mort; je lis dans le journal d'aujourd'hui que deux jeunes garçons ont été condamnés à l'amende pour avoir joué au bouchon le dimanche.

Dans la promenade publique, une affiche avertit que les infractions aux règlements de police seront punies plus sévèrement le *jour du Seigneur* que les autres jours. Ceci me semble très-caractéristique. Partout ailleurs, les délits que l'on peut commettre dans un jardin public, contre les gazons et les fleurs, sont punis uniquement pour empêcher qu'ils ne se multiplient : ici, ils sont envisagés au point de vue de leur criminalité morale. Il est naturel alors que cette criminalité soit plus grande les dimanches, et que, par suite, les punitions soient plus fortes.

Cette promenade est très-agréable. C'est un parc planté sur terrain incliné ; vers le milieu est une petite élévation d'où l'on voit la mer. Un jet d'eau énorme s'élève du milieu d'un bassin en forme de croissant. Cette pièce d'eau est le reste d'un petit lac caché autrefois dans l'épaisseur de la forêt primitive, dont a fait partie un vieil orme qui existe encore, et qu'on entretient religieusement. C'est un bel arbre que l'orme américain, avec son tronc blanc jusqu'à une certaine hauteur, son feuillage élégant qui retombe, il rappelle à la fois le chêne et le bouleau. Michaux l'appelle le plus magnifique végétal de la zone tempérée. Dans la promenade publique de Boston, on bat des tapis, comme dans celle de New-York on séchait du linge. Le peuple est chez lui, il fait son ménage. L'autre extrémité de Boston a un caractère tout différent : c'est le quartier commercial. Là est le mouvement, l'activité : c'est la ville nouvelle des États-Unis à côté de la vieille ville anglaise.

Après tout ce qu'on a écrit sur le sans-gêne des habitudes américaines, j'ai été surpris qu'un *policeman* m'ait invité à éteindre mon cigare. A Boston, il n'est pas permis de fumer dans la rue. C'était, il faut bien le reconnaître, le Français qui était le barbare.

Quoi qu'on en dise, il y a des souvenirs en Amérique,

au moins l'on n'y oublie pas la lutte pour l'indépendance. En 1840, une colonne a été élevée sur l'une des hauteurs de Boston, avec cette noble et touchante inscription : « Américains, tandis que de cette éminence votre vue se promène sur une contrée fertile, sur les merveilles d'un commerce florissant et sur les asiles du bonheur social, n'oubliez pas ceux qui, par leurs efforts, vous ont assuré ce bonheur. » Il y a même des légendes sur ce passé encore si voisin. Dans le parc, on montre la place où était l'*arbre de la liberté*, le père de tous ceux du continent, qui fut détruit par les Anglais en 1775, et, dit-on, en écrasa un en tombant. Cette grande maison, d'un aspect singulier, avec son toit pointu, ses nombreuses fenêtres, son air d'un autre temps, c'est *Faneuil-Hall*, lieu célèbre dans l'histoire de la révolution par les délibérations patriotiques dont il fut alors le théâtre, et qu'on appelle le *berceau de la liberté*. On pourrait donner ce nom à la ville même de Boston. C'est d'ici que partirent ces miliciens qui poursuivirent si rudement les troupes anglaises dans les prés de Lexington, premier combat livré pour la cause de l'indépendance. La ville est dominée par les hauteurs de Bunker-Hill, sur lesquelles s'élève un monument commémoratif de la résistance que ces troupes novices y opposèrent aux soldats anglais. On a placé dans le monument l'ingénieux appareil imaginé par M. Foucaut pour rendre sensible le mouvement de la terre ; un autre appareil semblable existe près de Boston, à l'université de Cambridge. Cette double reproduction d'une expérience curieuse semble indiquer qu'on cherche à se tenir au courant des travaux de l'Europe.

On voit à Boston le lieu où est né Franklin, et où fut la boutique dans laquelle il commença, en faisant des chandelles, cette carrière qu'il termina après avoir agrandi le champ des connaissances humaines, après avoir été à la mode dans les salons de Paris, et concouru, ce qui vaut mieux encore, à fonder l'indépendance de son pays.

Franklin est un personnage à part dans l'histoire des États-Unis. Homme de science, de raisonnement pratique, de philosophie positive, bien que né à Boston, il est entièrement étranger à l'élément puritain de la Nouvelle-Angleterre. Philosophe du XVIIIe siècle, par la direction de son esprit il a été le lien de l'Amérique nouvelle et de l'Europe. Les autres hommes de la révolution, Washington à leur tête, avaient beaucoup de type

State-Street (Boston.)

anglais. Il est moins marqué chez Franklin : Franklin aurait plutôt quelque chose de l'esprit français, s'il n'était parfaitement Américain.

Je vais commencer le cours de mes visites et de mes conversations. Aux États-Unis, ce qui est intéressant, ce ne sont pas les monuments, mais les institutions et les hommes. J'irai donc en étudiant les unes et en interrogeant les autres. En ce pays, où tout change sans cesse, où tout se fait par le concours des efforts individuels, on ne peut trouver rassemblés nulle part les renseignements dont on a besoin ; il faut s'enquérir de toute chose à tout le monde. Heureusement les Américains répondent volontiers aux questions, et en général avec une précision remarquable. A propos des hommes distingués dans la politique, la religion, les sciences ou les lettres, que je trouverai sur mon chemin, je dirai ce que j'aurai observé ou recueilli sur les partis, les sectes, les travaux scientifiques, les productions littéraires, car je tâche que ma *promenade en Amérique* s'accomplisse à la fois à travers le pays que je parcours, et à travers les idées, les mœurs, la vie sociale et intellectuelle de ce pays. C'est dans ce double sens que j'entends une *visite au nouveau monde*.

Parmi les écrivains renommés de Boston, il en est trois surtout dont la réputation est européenne, et que j'étais impatient de connaître : c'étaient M. Prescott, l'historien d'*Isabelle*, du *Mexique*, du *Pérou;* M. Bancroft, qui écrit l'*Histoire des États-Unis*, et M. Ticknor, l'auteur de l'*Histoire de la Littérature espagnole.* Malheureusement M. Prescott n'est pas à Boston. Tout le monde sait en Europe que M. Prescott est un écrivain judicieux de la famille de Robertson; on ajoute en Amérique qu'il est un homme aimable et excellent. Je regrette vivement de ne l'avoir pas rencontré; mais, si je vais au Mexique, j'y retrouverai son histoire. M. Bancroft est également absent; j'espère le rejoindre à New-York. M. Ticknor a donné la première histoire complète de la littérature espagnole; il est assez singulier que ce livre soit venu des États-Unis. M. Ticknor a résidé longtemps en Espagne; il y a formé, à l'aide d'un zèle soutenu et d'une assez grande fortune, une bibliothèque espagnole, sans rivale même dans la Péninsule. Cette bibliothèque a servi de base à un livre remarquable surtout par les notions variées qu'il suppose sur une littérature vaste et en général peu connue. C'est un ouvrage que devront consulter tous ceux qui s'occupent de l'histoire de la littérature espagnole. M. Ticknor a vécu à Paris; il connaît tout le monde; il a des manières françaises, et parle notre langue sans le plus léger accent, ce que je n'ai guère rencontré chez les Anglais, mais que j'ai remarqué chez plusieurs de ses compatriotes. Sa bibliothèque est celle d'un dilettante, d'un raffiné de la littérature; il a sur Dante, sur Shakspeare, une foule de raretés et de curiosités bibliographiques, et, comme je l'ai dit, sa collection de livres espagnols est certainement une des plus complètes qu'il y ait au monde.

Encore aujourd'hui, en revenant sur la jetée de Charlestown, j'ai été stupéfait de ces teintes empourprées et dorées du couchant, qui me rappellent les plus éblouissantes soirées de l'Orient. La ville, avec ses maisons de briques rouges, et noyée dans un reflet rouge, offrait un spectacle extraordinaire. Nulle part je n'ai vu l'atmosphère plus diaphane, les contours des objets plus nets. Cette lumière ne diffère qu'en un point de la lumière de l'Italie et de la Grèce : elle a quelque chose de sec et de dur, tandis que, dans ces pays favorisés, la lumière est à la fois vive et moelleuse. Ici tout est, comme l'homme, énergique et décidé; il semble qu'il n'y ait place nulle part pour la mollesse et la grâce.

J'ai été aujourd'hui entendre un prédicateur unitairien qui a de la réputation, le docteur Walker. Il est

Franklin-Street (Boston.)

assez remarquable que dans Boston, qui fut longtemps le foyer du calvinisme le plus rigide, où régnaient avec le plus d'empire les doctrines de la nécessité absolue de la grâce et de l'impuissance de la volonté humaine à faire le bien, la secte qui est aujourd'hui en progrès, qui rallie chaque jour davantage la portion la plus éclairée de la société, soit la moins mystique, la plus rationaliste des sectes chrétiennes, l'unitairianisme. On nomme unitairiens tous ceux qui rejettent le dogme de la Trinité. Leur croyance est une sorte d'arianisme inclinant au déisme. Ce changement est évidemment le produit d'une réaction. Les *indépendants*, qui furent les premiers colons de la Nouvelle-Angleterre et jetèrent les fortes bases de la nationalité future des États-Unis, étaient croyants jusqu'à la férocité. Tandis que les catholiques, à Baltimore, et Roger William, à Providence, donnaient, avant Penn, l'exemple de la tolérance, les puritains de Boston condamnaient cette tolérance comme un crime; tout en protestant de leur attachement à *leur mère l'Église épiscopale d'Angleterre,* ils ne permettaient pas qu'on reconnût l'autorité de cette Église, et se vengeaient des persécutions qu'on leur avait fait subir en brûlant des sorcières et en pendant des quakeresses. La tyrannie qu'ils imposaient à la communauté, au nom de la religion, fut poussée par eux jusqu'au plus minitieux et au plus ridicule despotisme; il n'était pas permis d'avoir les cheveux longs et de porter perruque. Les femmes ne pouvaient porter de manches courtes ou ayant plus d'une demi-aune de largeur dans l'endroit le plus large. Il était défendu, sous peine du fouet, d'embrasser sa femme dans la rue, et aux mères d'embrasser leurs enfants le dimanche. Il ne fallait pas préparer la bière le samedi, de peur qu'elle ne *travaillât* pendant le jour du sabbat. La Bible était le code de cette société, et, là Bible à la main, on mettait à mort la femme adultère, oubliant le pardon du Christ. Deux théologiens signèrent une déclaration par laquelle ils approuvaient qu'on ôtât la vie à l'enfant d'un chef indien vaincu et tué par les puritains, parce que la *race de l'impie devait être exterminée.* Un autre raconte ainsi une victoire des colons sur les sauvages, dans laquelle ceux-ci furent brûlés quatre cents : « C'était un spectacle terrible de les voir fricassés *(frying)* dans le feu, de voir le torrent de sang qui éteignait les flammes, et horrible l'odeur qui en sortait; mais la victoire semblait un sacrifice plein de douceur. » (COTTON-MATHER, *Mémorial*, p. 189.)

La doctrine théologique de ces sectaires impitoyables

anéantissait le libre arbitre, elle niait que l'homme fût capable de faire et même de désirer le bien. Leurs docteurs les plus célèbres, Jonathan Edwards et Hopkins, en vinrent à affirmer que le péché, là où il se rencontre, est, en somme, meilleur pour le monde que ne le serait, à sa place, la sainteté; que non-seulement il est permis par le père des lumières, mais, en son lieu, préféré par lui à la sainteté et introduit directement par son action. Enfin on mit en avant ce dogme étrange, « que le désir d'être damné pour la gloire de Dieu est nécessaire au salut. » A ces violences dogmatiques s'était opposé, dès le principe, un parti de théologiens modérés, appelé le *parti des anciennes lumières;* mais les *nouvelles lumières* prévalaient chaque jour davantage. Les Américains apportent dans la religion l'ardeur et l'impétuosité qu'ils mettent en toute chose; même aujourd'hui, dans l'hôpital de Worcester, le nombre des fous pour cause de religion égale celui des fous pour cause d'intempérance. Puis vinrent les *revivals* avec accompagnement de convulsions et de frénésie, les sermons des prédicateurs ambulants, qui insultaient les ministres établis, et décrivaient les tourments de l'enfer à leur auditoire de manière à lui donner des attaques d'épilepsie. Le méthodiste Whitefield vint deux fois d'Angleterre aviver encore cet enthousiasme, qui touchait au délire. Les chaires, qui s'étaient d'abord ouvertes pour lui, lui furent fermées. Alors il prêcha sous le grand orme du parc, devant trente mille auditeurs. Toute cette exaltation finit par révolter le bon sens des Bostoniens. La résistance à ces saturnales du fanatisme religieux est venue, après plusieurs générations, aboutir à l'unitairianisme. Repoussé par une doctrine qui anathématisait la liberté morale, dégoûté par des excès de convulsionnaires, on s'est jeté, pour ainsi dire, à l'autre extrémité du christianisme, sauf à être tout prêt d'en sortir. Voilà comment l'unitairianisme a pu faire des progrès si considérables à Boston. Aujourd'hui il y a dans cette ville vingt églises unitairiennes, et il n'y en a que quatorze qui se rattachent au puritanisme, savoir : treize congrégationalistes et une presbytérienne ; il y en a dix épiscopales, dix catholiques, huit baptistes ; c'est donc l'unitairianisme qui est en majorité.

En attendant le sermon de M. Walker, j'ai parcouru le livre qui contient les hymnes composées pour la congrégation unitairienne devant laquelle il va prêcher. Ces hymnes sont en général consacrées aux vérités de la religion universelle. On y trouve la prière de Pope. Jésus-Christ y est appelé l'*homme du Calvaire*, le *grand prophète*. Cependant deux faits surnaturels sont mentionnés dans ces hymnes : la résurrection et le second avénement du Christ. L'unitairianisme n'est donc point un pur déisme, c'est une secte chrétienne prenant l'Écriture pour base de sa foi et l'interprétant à sa manière. La forme extérieure du culte est la même que dans les églises calvinistes; mais le sermon que j'ai entendu ne saurait être accusé de mysticisme, ce sermon me surprend même pour un sermon unitairien. Ce n'est pas un discours sur la théologie ou la morale, ce sont des conseils sur l'art de se conduire en ce monde, qui peuvent s'appliquer à toutes les professions aussi bien qu'à la profession de chrétien. Le point de sagesse pratique que M. Walker s'attache à développer est celui-ci : « Il faut concentrer ses efforts sur un objet déterminé et ne pas les éparpiller sur plusieurs; il faut avoir un plan bien arrêté et le suivre invariablement; il faut, dans ce plan, subordonner les détails à l'ensemble. » Tout cela me semblait être dit au point de la réussite beaucoup plus qu'au point de vue du devoir. M. Walker est cependant lui-même un homme de haute moralité; mais la moralité proprement dite manquait presque entièrement à son sermon. Pour le dogme, même philosophique, il n'en a pas été question. Je dois dire que dans la dernière phrase il y a eu un mot sur l'éternité. Je ne voudrais pas juger l'unitairianisme ni M. Walker, qu'on me dit posséder au plus haut degré le don de l'éloquence, sur le hasard d'un sermon. On me parle d'un autre prédicateur unitairien de Boston qui est plein d'onction, et d'ailleurs les unitairiens n'ont-ils pas eu leur Fénelon dans Channing?

Je suis allé voir M. Charles Sumner. Son nom fait frissonner certaines personnes, car il est *freesoiler* [1] soupçonné d'abolitionisme. Cela ne m'effraye pas trop; du reste, on ne m'en a point dit d'autre mal, et on reconnaît généralement qu'il est un des plus brillants orateurs du sénat. En attendant M. Sumner, je remarque dans son salon des vues d'Italie, des souvenirs de Rome. Le goût des arts et de l'antiquité n'est donc pas étranger ici. Allons,

1. On nomme ainsi ceux qui s'opposent à l'introduction dans l'Union d'un nouvel État à esclaves.

quoi qu'on en dise, je ne suis pas tout à fait en pays barbare. Cette veine européenne qui pénètre la société des États-Unis mérite bien d'être signalée, parce que, sans rien changer au caractère fondamental de cette société, elle en modifie considérablement l'aspect. M. Sumner me montre le Capitole; car, dans le chef-lieu politique de chaque État, l'édifice où se rassemblent les sénateurs et les représentants s'appelle du nom, selon moi trop emphatique, de Capitole. Celui de Boston renferme une belle statue de Washington par Chantrey. C'est bien le héros simple et rigide de la révolution américaine. Tout près, dans l'*Athenæum*, est un buste marqué d'un caractère plus individuel, et qu'on dit la seule effigie vraiment ressemblante du plus pur des grands hommes : Washington, extraordinaire par la rectitude et la simplicité, qui ne fut ni un éloquent orateur ni un subtil diplomate, mais que nul n'a surpassé pour la droiture du cœur et de l'intelligence, et qui eut le vrai génie politique, le génie de la vertu.

M. Sumner ne propose point que le gouvernement intervienne dans la constitution des États à esclaves; une pareille pensée serait trop contraire à la politique de ce pays, politique dont l'essence est le respect du droit qu'a chaque État de se conduire comme il l'entend. Ce qu'il

Winthrop-Square (Boston).

demande, c'est que le gouvernement ne protége point l'esclavage; que l'esclavage soit, comme il dit, *sectionnel* et non national; que par exemple le gouvernement fédéral ne prête point main-forte aux propriétaires d'esclaves fugitifs, quand ceux-ci viennent dans les États du Nord, pour les réclamer. C'est au nom de l'indépendance même des États qu'il repousse cette intervention; car, si les États du Sud ont le droit d'avoir des esclaves, les États du Nord ont le droit de donner asile à ceux qui viennent chercher la liberté sur une terre libre [1].

1. M. Sumner a prononcé, sur cette thèse, dans le sénat de Washington, un discours très-hardi et très-brillant. A propos des esclaves que possédait Washington, et que, par son testament, il ordonna d'affranchir, l'orateur a dit : « J'en appelle de l'âme de Washington, encore engagée dans les ombres de la vie terrestre, à cette âme déjà illuminée par les clartés d'une autre sphère. J'en appelle de Washington sur la terre à Washington dans le ciel. » Cette noble protestation coïncide avec l'apparition du roman de madame Beecher Stowe, *My uncle's Tom Cabin.* On ne saurait dire que ce dernier ouvrage, malgré son incontestable mérite, soit le meilleur des ouvrages; mais je ne crois pas qu'un autre ouvrage ait eu en aussi peu de temps autant de lecteurs. C'est un fait consolant et qui rachètera dans l'avenir bien des choses qui ont besoin de l'être dans notre époque, qu'un succès inouï dans l'histoire des lettres ait été accordé à un livre surtout parce que c'était un livre contre l'esclavage.

CHAPITRE III

Une université américaine. — Histoire et organisation de cette université.
M. Sparks, M. Éverett, M. Agassiz.

New-Cambridge.

Près de Boston est l'université de Cambridge. Professeur moi-même, ayant visité les universités de l'Allemagne et étudié dans l'une d'elles, j'éprouve un vif désir de voir ce que peut être cette université américaine.

D'abord, il n'y a rien ici de pareil à ce qu'en France on appelle université. L'établissement doit surtout ses développements, qui remontent presque à l'origine de la colonie (1636), à des dons particuliers. Le premier de ses bienfaiteurs, Harvard, lui a donné son nom; on l'appelle *Harvard College,* collége d'Harvard, en l'honneur de ce théologien de la Nouvelle-Angleterre, qui lui légua la moitié de son bien et toute sa bibliothèque. De même un particulier nommé Yale fut dans le Connecticut le fondateur du collége de New-Haven, et lui a donné son nom. D'autres ont établi des chaires qui portent également leur nom. A Cambridge, un professeur de grec s'appelle *professeur d'Éliot,* parce que c'est à un M. Éliot qu'est due l'existence de la chaire qu'il occupe. On voit que, dès l'origine de la colonie, de simples citoyens ont fait ici ce que faisaient en Europe la royauté et les aristocraties. Il y a aux États-Unis le collége d'Harvard, le collége d'Yale, comme il y avait à Paris le collége Montaigu et le collége d'Harcourt. Seulement ce sont des noms de théologiens et de commerçants, au lieu d'être des noms de grands seigneurs.

Aujourd'hui, plus que jamais, les particuliers font pour l'instruction ce que font en Europe les gouvernements. M. Lawrence, le ministre actuel des États-Unis à Londres, a créé à Cambridge un ensemble de chaires scientifiques, une sorte de faculté de sciences; il a donné pour cela cinq cent mille francs. On peut citer dans les annales du collége un grand nombre d'autres dons; mais il n'en est pas de plus touchants que les dons en nature offerts à cette institution dans ses faibles commencements. C'était peu de temps après l'établissement de la colonie, l'argent était rare, et le zèle se produisait par des offres modestes. Un particulier donna pour le collége une pièce d'étoffe de coton de la valeur de neuf shillings; un autre, un pot d'étain du même prix; un troisième, un plat à fruit, une cuiller, *une petite salière et une grande*. Les noms de ceux qui firent à la science ces simples offrandes ont été conservés, et méritaient de l'être. Cambridge compte parmi ses bienfaiteurs des noms illustres : le chronologiste Usher, le célèbre théologien Baxter, enfin le philosophe idéaliste Berkeley, qui a nié la matière comme d'autres ont nié l'esprit, et qui a vécu plusieurs années en Amérique, où il était venu dans l'intention de travailler à l'éducation des colons et à la conversion des Indiens. Walpole contraria ses généreux desseins; quant à son système, il n'a pas laissé de trace en Amérique, la négation de la matière ne pouvait être la philosophie des États-Unis.

Cambridge a toujours été un point lumineux dans la Nouvelle-Angleterre. La première presse établie en Amérique le fut à Cambridge, en 1638, vingt ans après l'arrivée des *pèlerins*. La première feuille périodique qui ait paru dans les colonies fut publiée à Boston en 1764 [1]. Comparez à cela l'état intellectuel de la Virginie, où l'imprimerie ne se montra que quatre-vingt-dix ans après son apparition à Cambridge, et où un gouverneur pouvait dire : « Grâce à Dieu, nous n'avons ni écoles ni imprimerie, et j'espère que nous n'en aurons pas de cent ans, car la science a mis au monde la désobéissance, l'hérésie, les sectes et les intrigues contre le gouvernement. »

En effet, ce fut de la Nouvelle-Angleterre, affligée du double fléau des écoles et de la presse, que sortit le mouvement vers l'indépendance, suivi bientôt, du reste, par la Virginie. Les idées de liberté pénétrèrent à Cambridge bien avant l'affranchissement des colonies. Dès le milieu du XVIIIe siècle, les thèses qu'on y agitait préludaient à l'insurrection. En 1743, Samuel Adams y posait celle-ci : « S'il est légitime de résister au magistrat suprême lorsque la république ne peut pas être

1. Il n'y eut de véritable journal, c'est-à-dire de feuille paraissant chaque jour dans l'État de Massachusetts qu'en 1813. En 1834, il y avait cent huit journaux à Boston. (*Annual Almanach for* 1835, page 175.)

autrement conservée; » et il soutenait l'affirmative. En 1745, Gerry en soutenait une encore plus explicite et directement applicable aux discussions qui s'élevaient déjà entre l'Angleterre et ses colonies, savoir, « qu'à une innovation dans les lois financières qui détruit le commerce d'un peuple, les sujets peuvent légitimement désobéir sans cesser d'être fidèles. » La plupart des orateurs de la révolution ont été gradués à Cambridge.

Le calvinisme, qui a présidé à la fondation de cet établissement, y est devenu avec le temps presque entièrement étranger. De là un grand soulèvement de l'esprit de secte contre l'esprit tolérant de Cambridge. On permet aux élèves juifs d'observer le sabbat, aux catholiques de célébrer toutes les fêtes reconnues par leur Église. Le collége de New-Haven, dans le Connecticut, et le collége d'Amherst sont restés davantage sous l'empire du vieil esprit puritain. Cependant, à Cambridge même, il s'est conservé quelque chose de cet esprit : les élèves protestants doivent aller tous les jours une fois à l'église, et deux fois le dimanche; celui d'entre eux qui s'en est dispensé, sans excuse valable, trois fois en quatre ans, est renvoyé.

Dans l'université de Cambridge, on a très-bien combiné avec l'indépendance des professeurs la surveillance de l'État et l'intervention du public; l'un et l'autre sont représentés par le comité des surveillants *(overseers)*. Ce comité se compose aujourd'hui de trente personnes, dont six doivent être choisies chaque année par la législation; le gouverneur et le directeur de l'enseignement public en sont de droit. Les personnages officiels sont là pour exercer le contrôle de l'État; les autres, celui de l'opinion publique. En somme, le comité surveille, modère, mais ne dirige pas.

La *corporation,* composée du président de l'université, de cinq *fellows* et d'un trésorier, a une importance beaucoup plus grande : c'est entre ses mains qu'est déposée toute la propriété de l'établissement. Les vacances sont remplies par les votes des membres de la corporation que confirme ou infirme une décision des surveillants, ce qui donne à ceux-ci une large part dans cette élection; mais, une fois élus, les membres de la corporation nomment les professeurs et les maîtres, et font tous les règlements universitaires, lesquels doivent être confirmés par les surveillants.

L'application de ces lois et de ces règlements appartient à la faculté, composée de tous les officiers qui sont employés à l'instruction et à la discipline du collége. C'est la faculté qui confère les grades, inflige les punitions, et gère tout le département de l'instruction et de la discipline. Le président des facultés veille à ce que les lois et règlements soient observés, et dénonce au gouvernement de l'État les abus qui peuvent naître de la violation ou des lacunes de ces règlements.

Telle est l'histoire et l'organisation de la république littéraire que je vais visiter.

L'omnibus m'a transporté en une demi-heure à Cambridge : il m'arrête *aux colléges*. Je vois de jolies petites maisons de bois semées au milieu des arbres : ce sont les maisons des professeurs. De grands bâtiments en briques servent de demeures aux étudiants ; le tout a un aspect recueilli et solitaire. On est bien loin de l'Amérique industrielle, ou plutôt on a l'air d'en être bien loin; mais elle est à une demi-lieue, et je crains que les préoccupations matérielles, le besoin de s'enrichir, ne soient également à la porte de ce séjour scientifique, et n'attirent prématurément les jeunes gens que je vois errer sous ces paisibles ombrages. Comment se plaire longtemps ici avec des livres, quand, à deux pas de soi, on sent l'activité inquiète d'un peuple calculateur et entreprenant? Comment ne pas être bientôt entraîné par le tourbillon, et ne pas quitter de bonne heure des occupations sans résultat positif, pour celles qui donnent la fortune, l'influence, la considération, le pouvoir?

Ma première visite est pour M. Sparks[1], président actuel de l'université. M. Sparks a consacré sa vie à l'histoire de son pays. Il a publié des documents importants sur l'histoire de la révolution américaine; il en a recueilli un bon nombre dans les archives du ministère des affaires étrangères à Paris, et se loue beaucoup de la libéralité avec laquelle ces archives ont été ouvertes à ses recherches. M. Sparks a écrit la *Vie de Washington,* et donné au public la correspondance annotée de ce grand homme. Il est auteur de plusieurs biographies très-bien faites sur les principaux personnages qui ont figuré dans l'histoire de son pays. C'est le Plutarque américain.

1. Depuis mon voyage, M. Walker a succédé à M. Sparks, et pour son inauguration il a prononcé un discours fort remarquable sur l'importance des universités dans des pays démocratiques.

A ceux qui douteraient qu'on pût rencontrer aux États-Unis le type parfait du *scholar* et du *gentleman*, je citerais M. Ed. Everett, qui vit à Cambridge, où il a été président de l'université, comme il a été gouverneur de l'État du Massachusetts[1] et ambassadeur en Angleterre. M. Everett est surtout renommé pour l'élégance de son style ; la collection de ses discours offre un modèle classique de la prose américaine. M. Everett a tout à fait les manières d'un homme d'État anglais. Nous parlons des institutions des États-Unis ; il ne voit pour elles qu'un danger, mais ce danger lui paraît grand : c'est la terrible difficulté de l'esclavage. En abordant ce sujet, sa figure sérieuse et douce exprime une inquiétude profonde, et cet homme si éclairé ne semble voir aucune solution au redoutable problème. Comment ne pas reconnaître, en effet, que l'esclavage est en soi un fait monstrueux et une institution détestable? S'il s'agissait de l'établir aux États-Unis, la question ne serait pas douteuse, et il faudrait le re-

1. M. Everett a remplacé M. Webster comme secrétaire d'État, pour les affaires étrangères, jusqu'au jour où M. Filmore, président whig, a été remplacé par M. Pierce, président démocrate.

pousser comme le repoussèrent à plusieurs reprises les colonies anglaises, quand la métropole leur envoyait, malgré leurs réclamations, à la fois des nègres et des forçats; mais il ne s'agit pas d'établir l'esclavage, il s'agit de le conserver dans les États où il existe, ou bien de l'y abolir. Le conserver est déplorable, l'abolir ne peut se faire que du consentement de ces États, aussi complétement maîtres chez eux, à cet égard, vis-à-vis les autres États, que la France le serait vis-à-vis de l'Angleterre. Dans les États à esclaves, beaucoup d'hommes éclairés gémissent de l'esclavage. Des planteurs de la Virginie m'ont dit combien ils préféreraient faire travailler leurs terres par des mains libres. La culture du blé n'a nullement besoin des noirs, et partout on reconnaît tout d'abord les États à esclaves à ce qu'ils sont moins actifs, moins prospères : « Il me suffirait de voir le bout d'une haie, disait un Américain, pour savoir si je suis dans un État à esclaves ou dans un État libre ; » mais la difficulté est de passer du régime de l'esclavage au régime de la liberté. Comment jeter demain, au sein d'une société dans laquelle la contrainte joue un si faible rôle, et qui n'a pour appui que le bon sens général développé par l'éducation universelle, une population de trois millions d'esclaves brusquement émancipés ? Comment leur condition présente les aurait-elle préparés à prendre place dans la démocratie énergique et intelligente des États-Unis ? A part la question de race, l'esclavage est peu propre à former des citoyens, et quand les noirs auraient en eux de quoi devenir tels, le préjugé invincible de la majorité des blancs les maintiendrait dans une situation inférieure, dans une humiliation flétrissante. Que pourraient-ils faire alors, si ce n'est, comme il arrive trop souvent, aller grossir d'un chiffre énorme les classes dangereuses de la société ? Les États à esclaves défendent avec passion, avec fureur, ce qui est à leurs yeux le droit de propriété : les abolitionnistes sont pour eux ce que sont les communistes pour les propriétaires français. De plus, cette odieuse propriété est liée à la possession des droits politiques, puisque cinq esclaves donnent trois votes [1]. Le sentiment profond aux États-Unis

1. Dans la Caroline du Nord, l'assemblée représentative est élue par la population fédérale, dont le chiffre est déterminé en ajoutant aux personnes libres les trois cinquièmes des esclaves. Ainsi cinq personnes de couleur comptent pour trois blancs.

de l'indépendance propre à chaque État se révolte à la pensée de l'intervention du gouvernement central dans une question que la constitution a soustraite à l'autorité de ce gouvernement. D'autre part, l'indignation qu'inspire si naturellement l'esclavage gagne tous les jours du terrain dans les États du Nord, et s'y exalte de plus en plus. Ce sentiment est fortifié par l'enthousiasme religieux, et l'enthousiasme religieux ne recule jamais.

L'irritation est à son comble entre les défenseurs et les adversaires de l'esclavage; l'Union semble toujours au moment de se dissoudre et ne subsiste que par des mesures de compromis auxquelles la majorité se rallie encore, mais qui sont plus violemment attaqués chaque jour. Si l'on ne se hâte de prendre un parti, la difficulté ne fera que s'accroître avec le nombre des esclaves. Il y en a en ce moment trois millions; dans un certain nombre d'années, il y en aura six millions. En présence d'une situation si tendue, on conçoit les patriotiques inquiétudes de M. Everett. Un étranger est plus sensible encore à l'horreur que l'esclavage en lui-même inspire. Il faudra bien qu'on sorte par quelque voie de cette honte. L'abominable institution doit mourir. L'esclavage est un monstre, et les monstres ne sont pas organisés pour vivre.

Mais je ne suis pas venu dans une université pour ne m'occuper que de politique. Je vais chercher M. Agassiz, ce naturaliste du premier ordre que la Suisse a donné à l'Amérique, que j'ai entrevu à Paris, et qui me semble ici un compatriote, parce qu'il est Européen. Il m'accueille comme un ami, et je crois que dans peu ce nom nous conviendra tout à fait. Certes, la froideur américaine n'a pas gagné M. Agassiz; il est impossible d'avoir l'esprit plus vif, la conversation plus animée, des manières plus cordiales. Les travaux de M. Agassiz sont très-divers. Une grande question sur le rôle des glaciers aux époques anciennes partageait les géologues. M. Agassiz, pour la résoudre en connaissance de cause, voulut étudier de près la nature et les mouvements des glaciers, l'action qu'ils exercent sur les murs de rochers entre lesquels ils cheminent, sur les débris qu'ils entraînent à leur surface, ou poussent devant eux en marchant. M. Agassiz, en véritable enfant des Alpes, alla camper et vivre plusieurs mois sur les glaciers. M. Agassiz a fourni à cette histoire de la création avant l'homme, que de notre temps l'homme a osé entreprendre, une autre page plus considérable par son grand travail sur les poissons fossiles; il a fait pour les poissons ce qu'avait fait pour les mammifères et les reptiles antédiluviens M. Cuvier, dont il se proclame l'élève reconnaissant et dont il est le digne continuateur. Avec des empreintes fugitives et presque effacées, quelquefois avec une écaille épargnée seule par les siècles, il a reconstruit des milliers d'espèces; de plus, il les a classés en groupes naturels, correspondant aux divers âges de l'apparition de ces êtres. Dans tous ses travaux, M. Agassiz fait marcher de front l'anatomie, la géologie et l'embryogénie, et, dans chacun des grands plans d'organisation établis par Cuvier, les vertébrés, les mollusques, les articulés et les zoophytes, il fait concourir à la classification des êtres les données de ces trois sciences, déterminant la supériorité des divers types d'animaux selon qu'ils sont plus parfaitement organisés et moins anciens dans l'ordre géologique. M. Agassiz étudie tous les êtres vivants, sous le triple aspect de leur organisation présente et de leur organisation antérieure, soit dans le sein de leur mère, soit dans l'état de développement moins avancé atteint aux époques primitives par les espèces qui étaient comme les embryons des espèces actuelles. On sent ce que les harmonies de ces diverses sciences ont de grandeur; mais, pour les cultiver et les approfondir simultanément, il faut l'étendue et l'activité d'esprit qui caractérisent M. Agassiz, qui lui permettent de suivre à la fois plusieurs ordres de connaissances et plusieurs publications entièrement différentes, et, sous ce rapport, le rendent très-propre, quoique enfant de la vieille Europe, à représenter dans la science l'énergie, l'ardeur et l'impétuosité de la jeune Amérique.

Comment l'Amérique a-t-elle fait une conquête que les corps savants et toutes les capitales de l'Europe pourraient lui envier? Il faut faire ce récit, qui est à la louange de l'Amérique autant que de M. Agassiz.

M. Agassiz n'avait point de fortune personnelle. Sa jeunesse a connu de mauvais jours. Il m'a raconté comment il s'était trouvé à Paris dans un tel dénûment, qu'il n'avait pas même de quoi retourner en Suisse. Un ami, qui n'était pas plus riche que lui, en ayant parlé devant M. de Humboldt, que M. Agassiz n'avait jamais vu, le lendemain celui-ci recevait, dans sa petite chambre d'hôtel garni, une lettre flatteuse de l'illustre savant qui le priait, de la manière la plus aimable, d'accepter l'avance de la somme dont il avait besoin. M. Agassiz aime à raconter cette histoire. Après me l'avoir racontée, il ajouta : « J'ai demandé à M. de Humboldt de ne pas lui rendre cette petite somme, alors si considérable pour moi. Il me plaît de me sentir toujours son obligé. » J'espère que tous mes lecteurs comprendront comme moi la délicatesse d'un tel sentiment. Au bout de quelques années, M. Agassiz s'était fait un nom dans la science ; mais, pour publier son ouvrage sur les fossiles, de grands frais avaient été nécessaires. Il devait cent mille francs à son frère. Ceux-là il ne voulait pas les devoir toujours. Où, en Europe, aurait-il trouvé à s'acquitter rapidement en faisant des cours? Il vint aux États-Unis et professa la géologie dans l'institut de Lowell, à Boston. Cet institut est encore l'œuvre d'un particulier, M. Lowell, que la passion des voyages entraîna en Orient, où il mourut, consacrant, par un testament daté de Louqsor, sa fortune à l'établissement d'un ensemble de cours destinés à montrer l'harmonie de la religion naturelle et de la religion révélée. Ce legs généreux de M. Lowell rappelle celui que dicta également en Égypte à un Français, M. le baron Gobert, un désir semblable d'être utile à la science et à son pays.

M. Agassiz vint professer la géologie à l'institut de Lowell; improvisant dans une langue qui n'était pas la sienne, il produisit un effet immense. Le public qui venait l'entendre était si nombreux, qu'il fut obligé de faire deux fois chaque leçon. Les vastes salles de l'institut ne pouvaient contenir que la moitié des auditeurs. En quelques années, il a gagné ainsi, au moyen de différents cours, les cent mille francs qu'il devait. Voilà ce qui s'est passé dans la mercantile Amérique. Il semble que parfois on n'y est pas indifférent au savoir, et que si l'on aime à gagner de l'argent, on sait le dépenser noblement. La démocratie libre, qui a ses petitesses et ses misères, peut donc faire pour les sciences ce que faisaient les anciennes aristocraties, et ce que ne font pas toujours les gouvernements. L'examen géologique de deux comtés de l'État de New-York a été exécuté aux frais d'un particulier. Ne vient-on pas de voir un simple négociant, M. Grinnel, équiper deux vaisseaux pour aller à la recherche du capitaine Franklin, perdu dans les glaces du pôle? Le capitaine Franklin, est Anglais, M. Grinnel est Américain; le sentiment qui l'a inspiré est donc pur même, de l'égoïsme de la patrie, il n'a obéi qu'à l'humanité en consacrant une partie de sa fortune à aller au secours d'un homme qui appartient à une nation et à une marine rivales.

Cambridge a une bonne bibliothèque, un laboratoire de chimie, d'après les perfectionnements introduits par M. Liebig à Giessen, et un cabinet d'histoire naturelle, où j'ai vu avec intérêt quelques-unes de ces empreintes si curieuses laissées par des animaux antédiluviens sur le sable humide, qui garde aussi des traces de gouttes de pluie, vestiges durables de ce qui semble le plus fugitif. M. Hitchcock, professeur au collége d'Amherst, a attaché son nom à l'étude de ces pas fossiles, abondants surtout en Amérique, mais dont on a trouvé aussi quelques exemples en Écosse et en Allemagne. M. Hitchcock a pu, d'après ces indices si certains et si légers tout ensemble, déterminer quarante-sept espèces d'animaux : douze quadrupèdes, douze reptiles, vingt-deux oiseaux, etc.; mais il n'a pas, comme un de ses compatriotes, cru y reconnaître l'empreinte de *chaussures de femmes*.

CHAPITRE IV

Cimetière. — Bowditch. — M. Guyot, M. Felton, M. Longfellow.

Nous sommes allés visiter le cimetière de Mont-Auburn, à une petite distance de Cambridge; je profite de l'occasion pour interroger M. Agassiz sur la géologie de l'Amérique. Chose curieuse, le nouveau monde est le plus ancien. Quand les diverses parties de l'Europe étaient encore envahies par la mer, du sein de laquelle émergeaient seulement quelques îles, déjà l'Amérique était un continent. Aussi, dit M. Agassiz, les animaux et les végétaux de cette partie du monde ressemblent moins aux êtres organisés existant en Europe, dans l'époque actuelle, qu'à ceux des époques antérieures à l'homme. L'Amérique du Nord est physiquement le pays de l'unité. Les formations géologiques y ont plus d'étendue et plus de constance; les mêmes animaux, les mêmes plantes, y habitent de plus vastes espaces que dans l'ancien monde. Il y a des serpents à sonnettes depuis le Mexique jusque dans le Maine, le plus septentrional des États de l'Union ; les colibris, qui vivent sous les tropiques, remplissent durant l'été les jardins aux environs de Boston. D'autre part, les oiseaux du nord s'avancent vers le midi beaucoup plus loin que ceux d'Europe ne s'avancent en Afrique. De même, les races indigènes de l'Amérique septentrionale offrent, sur des points éloignés, d'étonnantes ressemblances. M. Agassiz ne croit point à l'origine asiatique de ces races. Selon lui, la pommette saillante de la joue est autrement placée chez elles que chez les races tartares ; elle n'est point à la hauteur de l'œil, mais plus bas.

Nous arrivons au cimetière de Mont-Auburn vers l'heure dont Gray peint si bien la mélancolie dans son élégie sur un cimetière de village. Il est cependant un peu de meilleure heure que dans l'élégie. Ce soleil méridional, dont je m'émerveille toujours, illumine de l'or le plus vif les beaux arbres du cimetière. Ces arbres sont très-variés, car nulle part il n'y a une plus grande diversité parmi les essences des forêts que dans l'Amérique du Nord. M. Agassiz me montre les différences des espèces de pins, de chênes, de noyers; il me dit qu'il y a *quarante* espèces de chêne aux États-Unis. — Ce cimetière est un lieu trop charmant pour la mort, mais où l'on reposerait cependant volontiers. Les tombes sont blanches, simples, espacées, au lieu de cette affreuse cohue de sépulcres de nos cimetières. Ici on serait à l'aise au frais, à l'ombre; c'est à donner envie d'y rester. De plus, on serait en bonne compagnie : cette statue est celle de Bowditch, ce simple matelot américain qui a écrit un ouvrage classique dont se servent les marins anglais, et qui plus tard, en dirigeant une compagnie d'assurances, traduisit la *Mécanique céleste* de Laplace. Ce n'était pas une simple traduction : Bowditch a commenté l'ouvrage de l'illustre géomètre français, il l'a simplifié en quelques parties et y a fait entrer les découvertes plus récentes. Laplace disait : « Je suis sûr que M. Bowditch m'a compris, car non-seulement il a relevé dans mon livre quelques erreurs, mais m'a montré comment j'y étais tombé. »

La vie de Bowditch est une des plus belles vies de savant. Dès l'enfance, ses dispositions furent extraordinaires ; apprenti chez un *ship-chandler* (fournisseur de navires), il traçait sans cesse des figures et des calculs sur une ardoise. Un voisin, qui s'en émerveillait, assurait qu'il ne serait nullement surpris si, avec le temps, le jeune apprenti arrivait à être un faiseur d'almanachs. Jamais homme n'eut une âme plus belle et plus pure. Sensible à la gloire et modeste tout ensemble, ses yeux se mouillaient de larmes quand on lui disait qu'il était admiré en Europe, et rien cependant ne l'avait touché autant que de recevoir du fond des bois (*backwoods*) l'indication d'une erreur; car c'était bien une erreur, ajoutait-il. Il disait encore : « Ce simple fait que mon ouvrage eut atteint un homme vivant aux limites de la civilisation, et qui pouvait le comprendre et l'apprécier, m'a causé plus de plaisir que les éloges des savants et des académies. » Bowditch fut toujours soutenu par sa courageuse femme. L'ouvrage devait coûter cinq cent mille francs; elle l'exhorta à tout sacrifier pour l'achever; dans sa reconnaissance, il voulait lui dédier ce livre, à la production duquel elle avait concouru.

Bowditch avait préparé un plan de Salem, sa ville natale. Ce plan lui fut dérobé, et l'auteur du larcin en annonça effrontément la publication. Bowditch fut d'abord furieux, exprima au plagiaire toute sa colère et tout son mépris, et le menaça de l'attaquer en justice; puis, ayant appris que cet homme était pauvre, il retourna le lendemain chez lui, et lui parla ainsi : « Je vais vous dire ce qu'il faut faire; je terminerai le plan, je corrigerai quelques fautes qui s'y trouvent maintenant, vous le publierez à votre bénéfice, et j'écrirai mon nom en tête de la liste des souscripteurs. »

En véritable savant américain, Bowditch s'était formé lui-même, comme le cordonnier pensylvanien Thomas Godfrey, qui apprit tout seul le latin pour lire les *Principia* de Newton, — comme le jeune Ebenezer Mason, qui savait Suétone par cœur à vingt et un ans, et mourut victime de son ardeur pour les sciences, qu'il avait toutes embrassées, en particulier de sa passion pour l'astronomie, les veilles ayant achevé de détruire une santé usée par la misère, la maladie, les efforts faits pour gagner sa vie dans les heures qu'il dérobait à l'étude afin d'avoir du pain. L'énergie et la résolution, si éminentes chez le peuple américain, se retrouvent souvent dans la carrière des hommes de science comme dans les autres carrières; on fait ici soi-même son savoir, ainsi qu'on fait soi-même sa fortune. La tendance de l'esprit scientifique est marquée de ce caractère d'intrépidité et de confiance en soi qui signale toutes les entreprises. Les études de Franklin sur la foudre montrent une combinaison de sagacité, de courage et de sang-froid qui est bien américaine. L'audace poussée jusqu'à la déraison a conduit un mathématicien des États-Unis à chercher, pour la géométrie, d'autres éléments que le point sans étendue et la ligne sans largeur. Les tentatives de M. Seba Smith sont un saut hardi dans l'impossible.

Malgré mon goût pour le cimetière de Mont-Auburn, j'aimerais encore mieux rester à Cambridge, y obtenir une chaire, et vivre dans une de ces petites maisons blanches, au milieu des arbres, n'était le climat, qui ne conviendrait nullement à mon larynx; car dans ce lieu, où l'on peut maintenant se croire en Italie, il fait, l'hiver, jusqu'à vingt degrés de froid, et on se chauffe neuf mois de l'année. A cela près, la vie doit y être fort douce. Les professeurs y vivent en très-bonne intelligence. Il n'y a jamais eu à cela qu'une exception : c'est le professeur de chimie qui a tué un de ses collègues, et caché le corps dans son laboratoire; mais on espère que la chose ne se renouvellera plus. Sérieusement, les professeurs vivent très-bien ensemble. Tous les quinze jours, ceux qui forment partie du *club scientifique* se rassemblent chez l'un d'entre eux, qui donne un souper et lit une dissertation.

Aujourd'hui nous allons finir la soirée chez un autre professeur étranger, ami de M. Agassiz, Suisse comme lui, et, comme lui, attestant par ses fonctions à Cambridge l'hospitalité américaine. Dans son livre intitulé *la Terre et l'Homme*, M. Guyot a tenté d'expliquer l'histoire par la géographie. Il voit dans la configuration variée des contrées de l'Europe et de l'Asie où la civilisation a fleuri la raison de cette civilisation, et dans la simplicité, l'unité géographique du continent américain, la condition d'un développement commun par le principe de l'association. L'ancien monde a fait l'éducation du genre humain; le nouveau monde est le théâtre magnifique sur lequel doivent s'accomplir les destinées progressives de l'humanité. Cette conclusion ne pouvait déplaire à des auditeurs américains. Le remarquable ouvrage de M. Guyot est le produit d'un cours fait à Cambridge. Un professeur de l'université, M. Felton, avec un zèle d'obligeance pour l'étranger et une abnégation personnelle qui méritent d'être cités, passait les nuits à traduire en anglais les leçons de M. Guyot [1].

Les langues et les littératures anciennes sont l'objet de l'enseignement de M. Felton. Je trouve chez lui les travaux les plus récents de l'érudition germanique. Lui-même a traduit plusieurs *traités* de Jacobs, donné une édition d'Homère, et publié quelques-uns des chefs-d'œuvre de la poésie et de l'éloquence grecques. Sur sa table, la littérature allemande figure, représentée par l'épopée satirique de *Reinecke Fuchs* et par l'épopée nationale des *Niebelungen*. Il paraît que les jeunes gens quittent trop tôt le collége pour *make money*, gagner de l'argent. S'ils étudient surtout les littératures anciennes, c'est dans l'intention d'acquérir le talent de la parole,

1. Un pareil trait n'étonne pas quand on a eu, comme moi, le bonheur de voir de près et de suite M. Felton. La bonhomie aimable et la facilité à s'enthousiasmer d'un professeur allemand, avec une très-large part du sens ferme et droit de la race anglo-saxonne, une bienveillance que j'oserais dire française si celle-ci était toujours aussi réelle et aussi sincère que celle de M. Felton, voilà ce qui fait de lui l'érudit le plus agréable à rencontrer, soit dans sa maison hospitalière de Cambridge, soit à Paris, enthousiasmé de Jasmin le rapsole ou plutôt l'aëde d'Agen ; soit à Rome, revenant de Grèce, et tout enivré d'avoir lu l'*Œdipe Roi* sur le lieu même du parricide, et l'autre Œdipe à Colonne.

talent nécessaire aux États-Unis, car la vie y est tout oratoire comme dans l'antiquité, et encore plus; c'est là le plus fâcheux, selon moi; Démosthènes et Cicéron préparaient et composaient un discours qui était un chef-d'œuvre d'étude et d'art; ils n'improvisaient pas tous les jours un *speech* à la fin du dîner. Malgré cette différence et bien d'autres, il y a une certaine analogie entre tous les pays libres, où la parole est la puissance.

Je suis allé visiter l'observatoire de Cambridge, dans lequel se trouve un grand télescope, qui est un des premiers du monde; il a coûté cent mille francs, et le support en granit vingt-cinq mille. Tout est dû à des souscriptions volontaires. Les noms des principaux souscripteurs sont gravés sur une table de marbre : l'un d'eux a donné soixante mille francs. Un peu après 1848, l'observatoire a reçu cent mille dollars (cinq cent mille francs), légués par M. Édouard Philipps. Des dons de ce genre ne sont pas rares ici. Il y a une vingtaine d'années, feu M. Edmond Dwight offrit à la législature, sans faire connaître son nom au public, cinquante mille francs, à condition que le trésor de l'État consacrerait la même somme à fonder des écoles normales. Trois de ces écoles furent fondées l'année suivante. Les puissants instruments que l'on a construits depuis quelques années ont permis de pénétrer plus avant et de mieux voir dans les profondeurs du ciel. Les nébuleuses perdues aux plus lointaines extrémités de l'espace, taches blanchâtres qui sont formées de myriades d'étoiles, dont chacune peut être le centre d'un système planétaire pareil à celui où la terre occupe une si petite place, les nébuleuses, si curieusement étudiées par Herschell, ont agrandi l'univers. Herschell considérait les nébuleuses comme des masses d'une matière sidérale en voie de condensation; mais, observées à l'aide des grands télescopes, ces masses flottantes se décomposent et se résolvent en une immense et lumineuse poussière de mondes. On conçoit les transports que fait éprouver aux astronomes ce triomphe de leurs instruments, qui leur permettent de voir les astres se multiplier pour eux dans le champ de l'infini. « Vous partagerez ma joie, écrivait le directeur de l'observatoire de Cambridge, en apprenant que la grande nébuleuse d'Orion a cédé à la puissance de notre incomparable télescope... Cette nébuleuse avait résisté à l'habileté sans rivale des deux Herschell armés de leurs excellents réflecteurs. Elle avait défié le miroir objectif de trois pieds de lord Ross, et même, quand son grand réflecteur et six forts *speculum* de six pieds furent dirigés vers cet objet, on ne découvrit pas la plus petite apparence d'une étoile.... et notre télescope a fait ce que n'ont pu faire jusqu'ici les plus grands réflecteurs du monde. »

L'astronomie est une des sciences qui sont cultivées avec le plus de succès aux États-Unis. Franklin avait déjà remarqué que cette pureté, cette transparence de l'atmosphère, qui m'a frappé moi-même, y était très-favorable aux observations astronomiques. Le goût de cette étude est si général en ce pays, que beaucoup de négociants font construire de petits observatoires d'où ils s'amusent à étudier le ciel. Des travaux plus sérieux ont permis à M. Lomis d'écrire un livre sur les *Progrès de l'Astronomie en Amérique*. Dans cet observatoire de Cambridge, M. Bond, qui en est le directeur, aidé de son fils, a découvert un troisième anneau de Saturne. Le premier avait été observé par Huyghens, et le second par Cassini. Ce sont des noms à la suite desquels il est glorieux de placer le sien. Il paraît qu'un de ces anneaux est liquide et va toujours se rapprochant de la planète, qu'il pourra bien noyer un de ces jours[1]. Les deux observateurs de Cambridge ont ajouté un satellite aux satellites déjà connus de la même planète. Ce peuple ne tire donc pas seulement d'une terre vierge toutes les richesses qu'elle peut produire : il trouve encore dans ses loisirs le temps d'enrichir la science et le ciel.

Non loin de l'observatoire est le jardin botanique. L'étude de la botanique n'est pas étrangère aux États-Unis. La flore nouvelle que l'Amérique offrait aux investigateurs de la science a eu ses zélateurs passionnés. Les colonies anglaises, avant leur émancipation, avaient vu naître ce Bertram, qui, selon le génie du pays, s'était formé lui-même, que Linné appelait *un botaniste de nature,* et qui fonda le premier jardin botanique, bien qu'il fût tellement pauvre, qu'un naturaliste anglais, son ami, lui envoyait de temps en temps du papier gris pour son herbier et du drap pour se faire des habits. Un second jardin botanique fut fondé par Marshall, qui, comme Bertram, se bâtit lui-même une maison sur un terrain qu'il défrichait, et où s'élève aujourd'hui une

1. Je tire ceci du curieux écrit d'un physicien célèbre, sir David Brewster, sur la pluralité des mondes. *More worlds than one.*

ville qui porte son nom. Le directeur actuel du jardin botanique de Cambridge, M. Grey, est connu par sa *Flore des États-Unis*. Il revient d'Europe. J'ai été heureux de trouver chez lui, reproduits par le daguerréotype, les traits d'un botaniste français qui m'est bien cher, de celui qui porte si honorablement la gloire héréditaire du nom des Jussieu[1].

Tout près de Cambridge, une belle maison de bois s'élève au milieu des arbres; elle a été habitée par Washington, qui, au commencement de la guerre, y avait établi son quartier général. Elle est doublement historique, car elle est aujourd'hui la demeure d'un poëte éminent des États-Unis, M. Longfellow. Dans ce pays, où je ne me représentais que des existences tourmentées par l'activité politique et industrielle, je ne m'attendais pas à rencontrer le spectacle d'une existence empreinte d'un calme si noble et si doux. Dans une habitation élégante, près d'une femme aimable et belle, entouré de charmants enfants, M. Longfellow me semble l'idéal du poëte heureux, et on dit que ce bonheur a été précédé

1. Ce nom a disparu de la botanique avec Adrien de Jussieu, ravi prématurément à la science et à ses amis.

par un beau roman plein de constance et de délicatesse qu'on peut aller chercher dans son *Hyperion*. Le poëte américain a voyagé dans toute l'Europe, il en connaît toutes les langues; il possède une foule de curiosités littéraires, depuis des chants populaires danois jusqu'à des chansons havanaises. Il a reproduit des poésies de presque tous les pays : des ballades allemandes et des vers de Jasmin; il s'est inspiré une fois de M. Augustin Thierry.

M. Longfellow a visité les diverses contrées du vieux monde, et sa muse en a gardé de nombreux souvenirs. Il a vu ces mœurs primitives et patriarcales de la Suède, qu'il peint si bien dans la préface placée en tête de sa traduction d'un gracieux poëme suédois de Tegner, la *Communion des enfants*. Il a vu l'Italie et la France; il a senti le charme de vieilles villes d'Allemagne. A Nuremberg, l'enfant de l'industrielle Amérique a sympathisé avec cette industrie lettrée du XVIe siècle, qui, dans les rangs les plus humbles, suscitait des hommes tels que Jacob Bœhme, le cordonnier philosophe, et Hans Sachs, le cordonnier poëte, *the cobbler bard*. Il célèbre ces artisans inspirés. « Tandis que le tisserand maniait sa navette, il tissait les vers mystiques, et le forgeron frappait ses mètres de fer au retentissement de l'enclume. Ainsi,

Maison du poëte Longfellow, dans le Massachusetts.

ô Nuremberg! un voyageur venu d'une contrée lointaine, comme il parcourait tes rues et tes places, chantait dans sa pensée son chant rêveur, recueillant entre tes pavés, comme une petite fleur de ton sol, la noblesse du labeur, la longue généalogie du travail. »

M. Longfellow a célébré sa patrie : quel Américain peut l'oublier ? Il a écrit *un Chant de Vie* (*a Psalm of Life*), qui exprime avec force le sentiment de l'action, comme il convenait au fils d'une société énergique et travailleuse. C'est une réponse à la parole de l'*Ecclésiaste* : « Tout est vanité ! »

Ne me dis pas dans tes versets mélancoliques : la vie est un vain rêve ; car pour l'âme le sommeil, c'est la mort, et les choses ne sont pas ce qu'elles semblent.

La vie est réelle, la vie est sérieuse ; le tombeau n'est pas le but. Tu es poussière, tu retourneras en poussière ; cela ne fut point dit de l'âme.

Ce n'est pas la jouissance, ce n'est pas la tristesse qui est notre fin, notre destinée, notre voie ; c'est agir, afin que chaque lendemain nous trouve plus avant qu'aujourd'hui. Sur le vaste champ de bataille du monde, dans le bivac de la vie, ne sois pas comme le troupeau muet que le berger chasse devant lui, sois un héros dans le combat.

Ne te confie pas à l'avenir, quels que soient ses charmes. Que le passé enterre ses morts. Agis, agis dans le présent qui vit, ton cœur dans ta poitrine, et Dieu sur ta tête.

Les vies des grands hommes nous rappellent toutes que nous pouvons faire notre vie sublime, et en partant laisser derrière nous l'empreinte de nos pas sur les sables du temps.

Peut-être un autre, naviguant sur la mer solennelle de la vie, un frère égaré et naufragé reprendra cœur en les voyant.

Debout donc et agissons, le cœur prêt à tout événement, achevant et recommençant toujours ; sachons travailler et attendre.

Toute l'ardeur de l'activité américaine me semble concentrée dans cette énergique poésie; mais le plus souvent, M. Longfellow se complaît dans une poésie entièrement désintéressée du présent, amoureuse de l'idéal, le poursuivant partout, le cherchant à la manière de Gœthe ou de Tieck. La plume spirituelle de M. Chasles a fait connaître le charmant poëme d'*Évangéline*, inspiré par *Hermann et Dorothée*, et qui nous intéresse particulièrement, car il célèbre les malheurs de quelques-uns de ces habitants d'Acadie que se disputaient, se prenaient et se reprenaient tour à tour l'Angleterre et la France, qui, Français d'origine, de mœurs et de langage, furent un jour arrachés violemment et soudainement de leur village par un ordre du gouvernement britannique, séparés les uns des autres et dispersés comme une tribu d'Israël. M. Longfellow vient de publier, sous le titre de *Légende dorée* (*Golden Legend*), un poëme dramatique, qui, certes, ne se rattache en rien à l'Amérique, à la démocratie, au présent, mais qui, du milieu de tout cela, emporte le lecteur en plein moyen âge. Rien ne prouve mieux à quel point les progrès naturels de la civilisation et les communications toujours plus faciles et plus fréquentes des États-

Unis avec l'Europe tendent à les rapprocher d'elle, que de voir un poëte favori du public américain prendre pour sujet d'une œuvre applaudie une légende du moyen âge, de cette époque des sociétés modernes qui est si complétement étrangère aux souvenirs de la société américaine.

Le sujet du poëme de M. Longfellow est emprunté à un vieux fabliau français. L'empereur ne sera guéri que si une jeune fille donne sa vie pour lui; la jeune fille se trouve, et, au lieu de mourir, devient impératrice. Cette histoire bizarre et touchante est devenue entre les mains de M. Longfellow comme un cadre gracieux dans lequel il a enchâssé une vue du moyen âge. La scène dans laquelle la jeune Elsie apprend à ses parents qu'elle a résolu de mourir pour le prince et finit par obtenir leur consentement et leur bénédiction, cette scène est très-belle. M. Longfellow, qui sent vivement la poésie du moyen âge, a aussi un sourire pour les formes naïves de sa dévotion et de sa croyance. Il connaît les singulières imaginations des prédicateurs de ce temps. L'un d'eux monte en chaire, tenant à la main un fouet qu'il fait claquer sous les voûtes de l'église, puis, feignant de s'adresser au courrier dont le fouet vient de retentir, il lui demande ce qu'il y a de nouveau. « Christ est ressuscité. — D'où venez-vous? — De la cour. — Oh! alors je n'en crois rien; c'est une plaisanterie. » Le fouet retentit de nouveau : c'est un autre courrier qui arrive. « Courrier, quelles nouvelles? — Christ est ressuscité. — D'où venez-vous? — De la ville. — Alors je ne vous crois pas. Poursuivez votre chemin. » Le fouet retentit une troisième fois pour annoncer l'arrivée d'un troisième courrier. Il donne la même nouvelle : « Christ est ressuscité. — D'où venez-vous? — De Rome. — Ah! je vous crois maintenant, il est ressuscité. Allez donc, et galopez de toute la vitesse de votre coursier. » Rien n'est charmant comme la conversation du prince et d'Elsie chevauchant ensemble à travers les forêts de l'Allemagne. La vie silencieuse et recueillie des religieux fidèles à leur vocation et les désordres qui souillaient parfois les cloîtres mal réglés sont opposés dans ce poëme comme dans l'histoire. Quoi de plus naïf, de plus pur, de plus senti que ce monologue du frère écrivain dans le *Scriptorium* : « Que Dieu me pardonne! il me semble qu'une certaine satisfaction se glisse dans mon cœur et dans mon cerveau... Oui, je pourrais presque dire au Seigneur : Voici une copie de ta parole, écrite par moi d'un bout à l'autre avec beaucoup de labeur et de fatigue ; prends-la, ô Seigneur ! et que ce soit quelque chose que j'aie fait pour toi... (Il regarde par la fenêtre.) Que l'air est doux ! que cette vue est belle ! Je voudrais avoir un vert aussi charmant pour peindre mes paysages et mes feuilles. Comme les hirondelles gazouillent sous les gouttières du toit ! Il y en a une en ce moment qui est sur son nid, justement je puis saisir une vue de sa tête et de sa poitrine. Je ferai une esquisse du joli oiseau dans son tranquille abri, et je la réserverai pour la marge de mon évangéliaire. » Ce morceau me semble d'une naïveté charmante. Il est impossible de se transporter plus complétement loin de la vie ardente et occupée de la société américaine, dans le calme et le recueillement de la vie claustrale du moyen âge ; puis viennent les orgies des mauvais moines, et le terrible comte Hugo, dompté par la religion, et l'abbesse Irmengarde, dont les passions réveillées s'endorment de nouveau, bercées par les sons de la cloche.

Le prince et la jeune fille voyagent toujours ensemble.

En passant le pont de bois couvert de Lucerne, elle dit : « Le tombeau lui-même n'est qu'un pont couvert conduisant du jour au jour par de courtes ténèbres. » Cette comparaison est charmante. Un des mérites que j'ai remarqués dans les poésies de M. Longfellow, ce sont des comparaisons neuves et ingénieuses. Ailleurs l'aspect de Bruges, la vieille et singulière ville flamande, *the quaint old Flemish city*, et le carillon de son antique beffroi évoquent pour le poëte étranger les souvenirs du passé, et il ajoute : « Le passé et le présent s'unissent ici sous le courant des siècles comme des empreintes de pas cachées par un ruisseau, mais qu'on voit sur les deux bords. » Ailleurs encore, en parlant du charme d'une lecture faite le soir par une bouche adorée, il s'écrie : « Et le soir sera rempli d'enchantements, et les soucis qui infestent le jour replieront leur tente, comme font les Arabes vers la nuit, et comme eux disparaîtront en silence. » Revenons à Elsie : quand elle approche de son sacrifice, elle adresse ces paroles vraiment belles à ceux qui la plaignent : « Ne vous alarmez pas au craquement de la porte qui s'ouvre et par laquelle je vais passer, je vois ce qui est par delà. » Et au prince : « Que mon souvenir reste dans votre existence, non pour la troubler et la déranger, mais comme quelque chose qui doit la compléter, en ajoutant une vie à une vie, et si quelquefois, le soir, près du foyer, vous voyez mon visage se montrer parmi d'autres visages, ne le considérez pas comme un fantôme, mais comme un hôte qui vous aime, plus encore, comme quelqu'un de votre famille dans l'absence duquel quelque chose vous manquerait autour de vous. »

L'auteur a créé véritablement l'ensemble de son œuvre; mais, en lisant ce dernier produit de la muse américaine, on ne peut se dissimuler que l'*Europe a passé par là*.

On a dit : La littérature est l'expression de la société. Selon moi, c'est la civilisation que la littérature exprime. Or, aux États-Unis, la société est démocratique, mais la civilisation est européenne. La démocratie ne saurait être littéraire, car la démocratie, c'est la foule. Il peut sortir de la foule des inspirations poétiques, c'est ce qu'atteste partout la poésie populaire; mais nulle part on n'a vu la foule produire ou inspirer une littérature perfectionnée. L'art lui est nécessairement étranger; aussi en Amérique, où la multitude règne, on n'écrit point pour la multitude. Une littérature peut être démocratique par les sentiments, elle ne saurait l'être par la forme, à moins d'être inculte, violente, négligée, c'est-à-dire de n'être plus une littérature. Les masses, aux États-Unis, ont une presse à leur usage : c'est la presse quotidienne, très-importante au point de vue politique, mais qui ne compte point dans la littérature. La presse quotidienne est exclusivement américaine ; mais littérairement l'Amérique est en Europe, parce que la civilisation lui est venue d'Europe et lui en vient chaque jour, surtout maintenant que les deux mondes se touchent ; car si Louis XIV a pu dire dans son orgueil : Il n'y a plus de Pyrénées ! — la vapeur, cette puissance plus conquérante encore et plus souveraine, dit aujourd'hui : Il n'y a plus d'Océan !

Voilà pourquoi un pays dont l'organisation politique est si particulière est entré dans la littérature générale du monde : je dis la littérature générale, car l'uniformité toujours croissante de la civilisation moderne, qui a effacé presque partout la diversité des costumes, efface aussi la diversité des génies littéraires. Peut-être est-ce un malheur, mais certainement c'est un fait. Ce rapprochement entre les littératures des nations européennes a été d'abord une copie servile de la France par les autres peuples ou une contrefaçon de l'étranger par la France. A cette période d'imitation outrée a succédé une ère de développements parallèles qui ne résultent point d'une reproduction artificielle, mais qui proviennent de la parité du développement social. Les littératures étaient d'abord entièrement différentes, puis elles se sont ressemblé parce qu'elles s'imitaient; aujourd'hui elles se ressemblent sans s'imiter. Or ce qui est vrai des littératures de l'Europe s'applique à la littérature des États-Unis. Profondément distincte par son fonds des sociétés européennes, la société américaine tend à s'en rapprocher au moins dans sa portion la plus cultivée par le progrès naturel de la vie policée. La littérature des États-Unis ne sera pas un nouveau monde sans doute, mais elle sera une province de plus dans le vaste empire des littératures civilisées.

CHAPITRE V

Fêtes populaires à Boston. — Les hôtes canadiens. — Procession industrielle. Dîner monstre. — Feu d'artifice démocratique.

Un heureux hasard m'a amené à Boston au moment où vont avoir lieu de grandes solennités populaires qui dureront trois jours. Les *trois journées* de Boston seront célébrées en l'honneur d'une révolution, mais d'une révolution toute pacifique. Il s'agit de fêter l'ouverture d'une ligne de chemin de fer qu'on vient d'établir entre les États-Unis et le Canada. Le gouverneur, lord Elgin, va venir à Boston, où doit se rendre de son côté le président des États-Unis. Toute la ville est en émoi. L'affluence des visiteurs est considérable. Les hôtels sont tellement encombrés, qu'on m'a menacé de me forcer à partager ma chambre avec un autre voyageur. Ce qui est parfaitement américain, c'est que le maître de l'hôtel où j'habite, et où doivent descendre M. Fillmore et lord Elgin, s'est bien gardé, en m'annonçant cette détermination, de m'en expliquer le motif. Sans daigner m'apprendre ce qui causait cette mesure extraordinaire, il s'est borné à me répéter qu'il me donnerait un compagnon de chambre; cependant, grâce à des protections puissantes, j'ai obtenu que ce désagrément me serait épargné.

J'ai été au sénat assister à la réception du président des États-Unis par le gouverneur de l'État de Massachusetts. Le président est arrivé suivi de trois de ses ministres, parmi lesquels était M. Webster, le lion du jour et candidat lui-même à la présidence pour l'année prochaine. Le gouverneur de cet État est fils d'un petit fermier. Entré au service d'un homme de loi, il passait ses soirées à s'instruire dans les *écoles du soir;* il a fondé un athénée dans sa petite ville, y a fait des cours, et est devenu un des chefs du parti démocrate dans son État. Le président a été, me dit-on, charpentier. M. Webster a eu une jeunesse laborieuse. Ces trois hommes ont des manières parfaitement convenables à leur situation actuelle. Tout s'est passé simplement et dignement. Quand le président est entré, on s'est levé. Le président et le gouverneur se sont salués. Le gouverneur a adressé au président un discours commençant par la formule d'usage : *Please your Excellency* (Plaise à votre Excellence). Le président a répondu par des éloges de la population de Boston, de ses *marchands princes*, de ses ouvriers *nobles de par la nature;* le gouverneur, bien qu'il soit du parti opposé à celui de M. Webster, a introduit avec assez d'à-propos un éloge de celui-ci dans la réponse qu'il adressait au président. M. Webster a pris la parole au milieu des applaudissements; mais, de l'aveu général, le grand orateur a été aujourd'hui mal inspiré. Il a flatté un peu grossièrement le peuple américain dans un discours qu'autour de moi on trouvait de mauvais goût. Un autre ministre, qui est Virginien, a eu beaucoup de succès. « Un Virginien, a-t-il dit, ne se sent pas étranger à Boston, » et, réunissant le midi et le nord dans ses hommages : « Si vous avez votre *Bunker-hill*, a-t-il dit, nous avons notre *York-town*. Si vous avez votre Daniel Webster, nous avons notre Washington, qui vous appartient aussi, *our and your Washington.* » Comme le nord et le sud sont toujours disposés à se quereller, la sagesse des hommes d'État de tous les partis s'applique à ranimer les sentiments d'union si nécessaires au maintien de la fédération américaine.

Voici un trait de mœurs assez curieux. J'ai appris que le *speaker* de l'assemblée représentative de l'État s'est si bien conduit dans des moments difficiles, que les différents partis se sont réunis pour lui témoigner leur reconnaissance en lui donnant... une montre.

18 septembre.

Ce jour est consacré à une promenade dans la rade de Boston. Plusieurs bâtiments à vapeur ont été mis par la ville à la disposition de ses hôtes. Une place m'a été accordée sur celui de ces bâtiments qui porte aussi les députés canadiens venus de Montréal et de Québec pour fraterniser avec les habitants de Boston. Le temps est merveilleusement beau. La ville, entourée presque de tous côtés par la mer et bâtie sur plusieurs collines, s'élève au milieu des mille navires qui lui forment comme une couronne de mâts. Les fanfares, les hourras, les coups de canon, retentissent. On distribue une brochure sur la condition présente de Boston. Le premier chemin de fer destiné à être parcouru par la vapeur qui ait été construit en Amérique l'a été en 1829 par Boston[1]. Il avait treize

1. En 1838, un vieux juge se rappelait d'avoir vu dans sa jeunesse

milles, moins de cinq lieues; maintenant mille lieues de chemin de fer rayonnent de Boston dans le Massachusetts et les États voisins, et les États-Unis sont traversés en tous sens par plus de dix mille milles de chemins de fer, plus de trois mille lieues, plus que le diamètre terrestre [1].

La nouvelle ligne dont on célèbre aujourd'hui l'ouverture est d'autant plus importante, qu'elle offre un chemin direct aux émigrants qui arrivent d'Europe à Boston pour se rendre dans l'Ouest, sans aller chercher l'Hudson, qui est la ligne directe de New-York; les produits de l'Ouest peuvent par la même voie venir s'embarquer à Boston. Ce qui donne une grande impulsion

l'établissement d'une diligence (stage-coach) entre Boston et Providence qui n'avait pas fait moins de sensation que l'ouverture du chemin de fer.

1. Le chiffre exact, tiré d'un document officiel, était, pour 1852, 10,814 milles de chemins de fer terminés, et 10,898 de chemins de fer en construction. Le capital engagé est de 592,770,000 doll. (plus de 3 milliards et demi).

Un autre chiffre très-semblable donnait à la même époque, pour les États-Unis, 10,200. Total des milles parcourus par les chemins de fer, dans plusieurs pays, 25,000: Grande-Bretagne, 6,500 (un peu plus de la moitié); France, 1,800 (environ le cinquième); Belgique, 360; Espagne, 60. Ce qui fait pour chaque habitant, aux États-Unis 21 pieds, en Angleterre 12 pieds, en Belgique 4 pieds, en France 3 pieds, en Espagne 3 pouces.

à la création des chemins de fer américains, c'est la rivalité des différents États qui cherchent sans cesse à se supplanter les uns les autres, et tâchent, si j'ose employer cette expression, de *se souffler* le transport des passagers et surtout des marchandises. Les États-Unis sont comme un grand échiquier où chacun tâche d'arriver à dame le premier.

Des tables, jointes à la brochure qu'on nous a distribuée, montrent que, pour le port de Boston depuis 1842 jusqu'à 1850, le produit des douanes a presque triplé, et le tonnage a augmenté de plus d'un tiers[1] en dix ans; le chiffre de la population de Boston a été porté de 158,000 âmes à 269,000; ces chiffres s'appellent ici des *figures;* il faut avouer que, comme les figures de rhétorique, celles-ci ont bien leur éloquence.

Le déjeuner que nous donne la ville est médiocre, il faut en convenir, et les plats sont disputés avec énergie; mais le vin de Champagne est à discrétion, c'est l'important pour la chaleur de l'enthousiasme et la gaieté de la réunion. Bientôt commencent les *toasts* et les *spec-*

1. Augmentation de 2,780,186 dollars pour les douanes, et de 193,502 à 313,192 dollars pour le tonnage.

La foule, un jour de fête populaire, à Boston.

ches. On demande *monsieur un tel,* et il paraît, et il parle, et des transports d'approbation accueillent invariablement son discours. Ce sont surtout les Canadiens, et les Canadiens français, qui jouissent d'une popularité sans bornes. On crie : Vive la belle France! Trois hourras pour la belle France! Un habitant de Montréal entonne la vieille romance de la *Claire fontaine.* Un habitant de Québec chante :

Nous aimons la Canadienne
Pour ses beaux yeux doux.

La foule se porte brusquement vers un orateur qui surgit, le chanteur est abandonné, et je perds la suite de ce morceau de poésie nationale que je m'apprêtais à recueillir.

Dans les discours, il n'est question des deux côtés que d'alliance, d'union *par des liens de fer;* les États-Unis semblent déjà tenir le Canada. Mais comme on descend du bateau, j'aperçois un homme à figure anglaise qui cherche à se hisser sur un toit pour être entendu; le toit est assez élevé, il faut le soutenir par les jambes; enfin il s'accroche des pieds et des mains à cette tribune glissante, et de la position difficile qu'il a conquise il parle avec beaucoup d'énergie. Il commence par glorifier la race anglo-saxonne en Angleterre et en Amérique ; puis, se souvenant de la population française du Canada, il rappelle qu'elle est du même sang que le noble La Fayette. Après les compliments, il entre en matière; il déclare nettement que le Canada est content de l'Angleterre et veut rester sous sa domination; l'orateur convient qu'il n'en a pas toujours été ainsi, mais il affirme que les Canadiens ont obtenu ce qu'ils désiraient. Il ose même ajouter : « Nous vous avons enviés, nous ne vous envions plus. L'Angleterre nous a donné ce que vous avez. » Je dois dire que ce discours a eu moins de succès que les autres, et qu'il faisait naître autour de moi des murmures qui n'étaient pas des murmures d'approbation. Je me disais : Voilà sans doute quelque fonctionnaire anglais au Canada qui ne veut pas laisser passer cette cérémonie sans avoir protesté de sa loyauté. Quelle était mon erreur! Celui qui venait de parler ainsi était M. Neilson, qui, bien qu'Anglais d'origine, est depuis vingt ans un des chefs les plus distingués et les plus ardents du parti national au Canada, au point qu'il a pris les armes, commandé les insurgés, et à leur tête a gagné sur les

Anglais la bataille de Saint-Denis; mais, comme il le disait tout à l'heure, le pays a obtenu ce qu'il désirait : l'Angleterre, mieux éclairée sur ses intérêts et comprenant que le seul moyen de ne pas précipiter le Canada dans l'union américaine, c'est de le bien gouverner; — l'Angleterre a changé de politique envers lui : elle lui a donné un vrai gouvernement représentatif dans lequel les Canadiens français, grâce à l'accession d'un certain nombre d'Anglais raisonnables, ont la majorité. De plus, le gouverneur actuel, lord Elgin, s'est montré favorable à leur égard jusqu'à provoquer un soulèvement du parti anglais violent, émeute odieuse qui a déconsidéré ce parti. Dans ces conjectures, M. Neilson, comme les plus sages patriotes du Canada, s'est attaché franchement à l'Angleterre du jour où elle voulait être juste, comprenant bien que la nationalité canadienne court beaucoup moins de risque avec elle qu'avec les États-Unis, et qu'une annexion opérée par ce peuple envahissant serait la mort de cette nationalité. Autant vaudrait tomber dans le gouffre du Niagara. Voilà ce qui faisait parler aujourd'hui M. Neilson; du reste, il n'a jamais changé. Il y a vingt ans, il disait à M. de Tocqueville :

« Nous resterons avec les Anglais jusqu'à ce qu'ils nous forcent de les combattre. » Cette nécessité est venue : M. Neilson les a combattus et même battus. Aujourd'hui, avec un égal patriotisme, il résiste aux annexionnistes et vient le déclarer dans une fête au fond de laquelle est, pour un grand nombre de ceux qui m'entourent, la pensée de l'annexion.

Le soir, j'ai été dans le beau monde. Le président a paru dans un salon, où il ne s'était pas trouvé autant d'uniformes anglais depuis la guerre de l'indépendance. On venait saluer mademoiselle Fillmore, qui prenait très-bien sa situation de *princesse du sang* et ne montrait ni hauteur ni embarras.

J'ai terminé cette journée par une délicieuse promenade sous les ormes du parc, dont une lune magnifique découpait le sombre et gracieux feuillage.

19 septembre.

Ce jour est le grand jour. D'abord procession des métiers, puis dîner de quatre mille personnes ; le soir, illumination et feu d'artifice : tout cela en l'honneur de sa majesté le chemin de fer. — Boston, me dit M. ***, veut se montrer avec toutes ses ressources, *with all its power*.

Quelques précautions sont prises contre les vols. Partout on lit affiché : Prenez garde aux filous, *Beware of pick-pockets*. On a fait venir tous les individus suspects, on les a montrés à la population, pour que chacun pût les reconnaître au besoin. Du reste, j'ai compté près de deux cents *policemen*, bel et bien armés du *truncheon ;* seulement, à cause de la fête, cette petite massue était enveloppée de papier doré, tout comme le discours de réception qu'un nouveau membre de l'Académie française va, selon l'usage *antique et solennel*, présenter au chef de l'État.

Vers midi, la procession commence. En tête sont le président et ses ministres, lord Elgin et les autorités de Boston. Ce qui me frappe d'abord, c'est le grand nombre d'uniformes qui figurent dans cette fête toute civique : voici des lanciers, qui n'ont pas, il est vrai, la tournure aussi militaire que ceux que je voyais, il y a un mois, galoper dans le champ de Mars ; voici des bonnets à poil, des habits bleus, gris, rouges, des vestes à la hongroise, etc. S'il y avait autant de régiments qu'il y a d'uniformes, la ville de Boston aurait sur pied une armée formidable; mais j'apprends que ce sont des compagnies de volontaires qui, s'étant organisées librement, choisissent leur costume comme elles nomment leurs officiers. Évidemment, les Américains ont un faible pour l'art militaire; en cela, ils diffèrent des Anglais. Les Anglais sont aussi braves qu'aucun autre peuple, mais chez eux l'état militaire est peu considéré. Un père, même dans une condition modeste, ne le voit prendre à son fils qu'à regret. L'on n'a en Angleterre nul goût pour le tambour et l'uniforme; il n'en est pas de même aux États-Unis. J'ai vu des enfants s'amuser à faire l'exercice et manœuvrer pour leur récréation, comme des gamins de Paris. La guerre du Mexique a développé cette disposition guerrière. On s'accoutume aux présidents militaires; il y a là peut-être le germe d'un grand changement dans le caractère et les institutions du peuple américain.

En principe, tout le monde fait partie de la milice; mais il se trouve assez de miliciens de bonne volonté, portant l'uniforme, enrégimentés en compagnies de volontaires et faisant l'exercice, pour qu'on n'exige rien de semblable des autres citoyens. Seulement, à Boston du moins, chacun, sans exception, est obligé d'avoir des armes. Deux fois par an, on est requis de montrer qu'on est armé au complet.

M. Fillmore n'est pas un de ces présidents belliqueux dont je parlais plus haut. Hier, il a passé une revue. Après quelque hésitation, disait le journal, on lui a donné un bon cheval, que les *policemen* retenaient chaque fois que les coups de canon le faisaient cabrer. Les Américains n'éprouvent pas le besoin, depuis longtemps proverbial en France, que le pouvoir *sache monter à cheval.*

J'ai vu avec plaisir qu'en tête de la procession industrielle était porté un objet d'art, une statue, l'*Indien mourant*, œuvre d'un statuaire américain nommé Stephenson. Il est vrai que tout de suite après venait, probablement pour désigner le métier de fourreur ou de marchand de pommade, un ours empaillé; puis, différentes voitures se sont succédé. Un groupe de voitures était suivi d'un groupe de soldats. Sur l'un de ces véhicules il y avait des fauteuils et des chaises, sur l'autre des chapeaux. Un modèle de vaisseau était porté sur un char que traînaient six chevaux blancs. Le *Museum* était représenté par un éléphant de bois que traînaient des Indiens; puis venaient les fabricants de drap, les teinturiers, les fondeurs, les orfévres, etc. Plusieurs industries étaient en exercice : sur le char des menuisiers on rabottait, sur le char des forgerons on forgeait, sur le char des imprimeurs on imprimait et l'on distribuait des prospectus; la foule se les disputait comme à Rome on se dispute l'indulgence lancée d'une fenêtre après la bénédiction du pape. Au reste, il y avait dans tout cela beaucoup de ce que nous nommons *réclame*. Les noms des principaux fabricants de Boston étaient très en évidence dans la procession. On lisait des inscriptions en général amusantes par leur emphase : au-dessus d'un coffre de sûreté, *safe,* qui a résisté à l'incendie, *le feu n'est pas mon ennemi, nous défions les éléments*. Le bureau des domestiques à louer et des nourrices offrait une exhibition de sujets des deux sexes. Quand les jeunes gens de l'Université de Cambridge ont passé, ils ont été salués de hourras très-empressés, surtout par les spectatrices. Les compagnies de secours mutuels établies par les étrangers fermaient la marche. On a vu passer tour à tour des Écossais, la cornemuse en tête, portant des plaids aux couleurs des différents clans ; des Irlandais précédés par la harpe d'Érin et par des drapeaux sur lesquels étaient figurées des images de saints, entre autres celle de saint Joseph.

Je n'ai cité que quelques détails de cette procession : le défilé a duré deux heures ; il me rappelait certains tableaux flamands du xvie siècle, où l'on voit toutes les corporations figurer dans un cortége avec leurs bannières. Ici il y avait quelque chose de plus : non-seulement l'ouvrier, mais le métier lui-même est en scène ; c'était une exhibition dramatique, ceux qui avaient un rôle semblaient s'en amuser au moins autant que les spectateurs. Pour moi, charmé de voir ainsi le peuple américain en joie, dans la rue, hors de lui, et moitié gaiement, moitié sérieusement, célébrant une fête qui le divertit et l'enorgueillit tout ensemble, je suis rentré en me disant : Le roi s'amuse.

Ce qu'il y avait peut-être de plus intéressant dans la cérémonie, c'étaient les enfants des écoles faisant haie dans le parc, criant *hourra !* au président et à la procession, et commençant ainsi à s'associer dans cette fête nationale au sentiment public. L'enthousiasme de ces petits citoyens était certainement le plus vif et le plus pur.

Puis est venu le dîner de quatre mille personnes ; il a eu lieu sous une tente, au milieu du parc. Les convives étaient soumis au régime de la tempérance, c'est-à-dire que le vin était interdit, ce qui m'a paru sage dans une réunion aussi nombreuse ; mais tout le monde a eu du café. Le président, obligé de retourner à Washington, n'a pu assister au banquet. Lord Elgin a prononcé un discours spirituel et sans façon, très-bien conçu pour plaire aux Américains en ne les flattant point. Il leur a donné des louanges convenables sans exagération ; il a revendiqué pour le gouvernement monarchique en Angleterre une somme de liberté égale à celles que contiennent les institutions républicaines des États-Unis. Il a employé fort à propos quelques expressions empruntées au langage parlementaire de ce pays. M. Everett a répondu à lord Elgin avec son élégance de langage ordinaire. Certaines locutions écossaises, placées dans le discours qu'il adressait à un lord écossais, m'ont paru un trait de courtoisie plein d'à-propos et de bon goût.

Voilà comment les choses se sont passées. Voici

maintenant ce que j'ai lu dans un journal qui rendait compte de ce banquet : « L'aspect de la vaste assemblée, quand les tables furent garnies, était frappant au delà de toute expression. Il y avait *là une Méditerranée de fraternité humaine sous un firmament de drapeaux*, et dans cette mer il y avait des célébrités innombrables des deux hémisphères. »

Le soir, on a illuminé, c'est-à-dire la ville et les particuliers ont illuminé. Le vieux Faneuil-Hall, ce bâtiment à forme antique, aux nombreuses fenêtres garnies aujourd'hui de lampions, dessinait sa forme singulière sur le ciel. Le Capitole était dans une obscurité complète, car l'État de Massachusetts n'est pour rien dans la fête de Boston. Il n'y avait point de feu d'artifice officiel, mais chacun pouvait en toute liberté tirer des pétards devant sa porte et lancer des fusées par sa fenêtre. Des particuliers se sont établis au milieu de la promenade publique, et y ont organisé sur le gazon, très-sec en ce moment, un tir de soleils et de chandelles romaines qui a duré jusqu'à minuit. Le principe volontaire qui préside aux associations religieuses et à une foule d'établissements utiles, préside aussi aux divertissements publics ; le gouvernement n'intervient ni pour les donner au peuple, ni pour empêcher le peuple de les prendre; en toute chose, la nation fait ses affaires, et même quelquefois la besogne du gouvernement. Ici, comme en Angleterre, les mœurs surveillent les mœurs. Si l'on met en vente un mauvais livre ou une gravure indécente, on s'expose à un procès de la part de la *Société pour la suppression du vice.* Les citoyens font la police et maintiennent le bon ordre. L'autre jour, un meurtre a été commis, quatre cents personnes se sont mises à la poursuite du coupable. Naguère, au sujet d'un acteur, il y a eu à New-York un commencement d'émeute; la milice est arrivée, a tiré et a tué trente ou quarante personnes, ce que tout le monde a fort approuvé. C'est toujours le même principe : l'ordre par la liberté.

CHAPITRE VI

Lowell. — Ses ouvrières lettrées. — Le mastodonte. — La jeune fille aveugle et sourde-muette.

Lowell, 20 septembre.

A quelques lieues de Boston est la petite ville de Lowell, célèbre par ses manufactures et surtout par la moralité et la culture intellectuelle de ses ouvrières. Lowell, qui date de 1821, compte maintenant plus de 30,000 âmes. Les ouvrières employées dans les manufactures sont au nombre de 9,000, et les ouvriers au nombre de 4,000; c'est presque la moitié de la population. Les principales industries de Lowell sont la teinture et la fabrication des étoffes de coton. Ce qu'on fabrique de celles-ci à Lowell dans une année pourrait former une bande d'un mètre de largeur qui ferait deux fois le tour du monde. On produit d'une telle bande d'étoffe une longueur de dix-sept milles à l'heure, ce qui est travailler avec la vitesse ordinaire des chemins de fer.

La plus intéressante de ces fabrications est celle des tapis à la machine, on conçoit combien l'enlacement des fils et la combinaison des couleurs avec les lignes du dessin offrent de difficultés à une pareille industrie. Il paraît que ces difficultés n'avaient pu être surmontées en Angleterre ; elles l'ont été complétement en Amérique. Il est amusant de voir les navettes, qui portent des fils de différentes couleurs, soulevées et lancées l'une après l'autre par un mécanisme que la vapeur met en mouvement, venir à leur tour et à leur rang créer comme par magie les fleurs et les ornements du tapis ; ce qui ne l'est pas moins, c'est de voir les jeunes filles qui conduisent l'opération arrêter soudainement de leurs doigts délicats la force terrible ou lui rendre la liberté. On frémit quand ces petites mains s'avancent sur le tissu pendant l'instant très-court où s'éloigne le fer qui, en revenant, si elles tardaient une demi-seconde à se retirer, les écraserait. Les ouvrières de Lowell ont plus encore que je ne m'y attendais un air de distinction et de fierté. Plusieurs de celles que j'ai vues debout ou assises auprès de leur métier, me rappelaient la dignité calme des femmes romaines. Je ne reviendrai pas sur tout ce qu'on a si bien dit de l'excellente conduite et de l'excellente tenue de ces ouvrières, des maisons où elles vivent ensemble et où chacune est surveillée par le point d'honneurde toutes. Attaquées avec peu de chevalerie par des journaux, elles se sont défendues elles-mêmes dans leur *revue*, car les ouvrières de Lowell, qui se cotisent pour avoir des livres, pour se faire des cours, écrivent aussi. Elles ont publié plusieurs volumes d'un recueil littéraire intitulé *Offrandes de Lowell* (*Lowell's Offerings*). Je n'y ai pas trouvé de chefs-d'œuvre, mais j'y ai remarqué des sentiments simples et honnêtes exprimés en fort bon langage.

Cette organisation morale de Lowell est due aux grands fabricants, qui ont pour ainsi dire créé la ville. Je pense que la querelle de l'intérêt agricole et de l'intérêt manufacturier, qui est la querelle du Sud et du Nord, a contribué aux beaux résultats que nous voyons. Le parti qui combattait les manufactures, entre autres arguments, alléguait la démoralisation qui en Europe règne trop souvent dans les classes ouvrières des villes.

8

Ceux qui ont établi les manufactures de Lowell sur un pied si respectable ont voulu répondre à ces objections par un frappant exemple.

En France, on se plaint que l'industrie enlève trop de bras à l'agriculture et accumule trop d'ouvriers dans les villes ; aux États-Unis, j'ai vu les hommes les plus éclairés craindre le contraire : l'attrait vers le défrichement est si vif, qu'il pourrait prévaloir à l'excès. Les partisans des manufactures citent, parmi les avantages qu'elles peuvent offrir, celui de retenir dans les villes une partie des populations, qui autrement leur échapperait[1]. Ce n'est pas en général ce qu'on redoute chez nous. Qu'un tel point de vue soit celui des whigs, c'est-à-dire des conservateurs américains, cela montre assez combien diffèrent les situations des deux pays et les dangers qui menacent leur avenir.

Enfin j'ai trouvé un interrogateur. On m'avait annoncé que je serais accablé de questions aux États-Unis. Jusqu'ici j'en ai adressé beaucoup, et on ne m'en a pas adressé une seule ; mais, à Lowell, ayant

1. Ed. Everett's works, t. II, p. 60.

demandé mon chemin à un paveur, celui-ci, que je crois Irlandais, m'a questionné sur les fêtes de Boston. Je n'en ai point été scandalisé, comme un touriste anglais l'eût été peut-être, de la liberté grande. J'ai répondu à ses questions, me promettant bien de me venger par les miennes sur le premier Américain que je trouverai.

En errant dans les rues de Lowell, je rencontre une exhibition de l'industrie locale. C'est en petit ce que je viens de voir à Londres; tout cela est produit par une ville de trente mille âmes. Ce soir, on jouera *l'Ouvrière,* ici pièce de circonstance. Je vois aussi qu'il y aura un concert où l'on exécutera des morceaux d'Haydn, de Mozart et de Weber; les places sont à vingt-cinq sous.

On m'avait recommandé de visiter le nouvel hôpital. J'ai passé deux fois devant la porte sans m'en douter. Comment croire que cette charmante villa est un hospice? L'intérieur répondait à l'extérieur; les chambres étaient d'une propreté poussée jusqu'à la recherche; il y avait même des *rocking-chaise,* ces fauteuils-balançoires dont l'usage est si répandu aux États-Unis. Ce qui m'a étonné, c'est de ne trouver qu'un malade; mais il y a un autre hôpital, et je suppose qu'on se fait beaucoup traiter à domicile.

Boston, 22 septembre.

L'intérêt scientifique, si puissant à Cambridge, n'est pas absent de Boston. Je demande pardon au lecteur de lui parler encore géologie ; mais je ne puis me dispenser de mentionner le squelette de mastodonte que possède le docteur Warren, et qui offre un des débris les plus curieux et les plus complets de l'ancienne création. C'est, je crois, avec l'éléphant antédiluvien de Saint-Pétersbourg et le *megatherium* de Madrid, le vestige le plus considérable de l'époque antérieure à l'homme. Dans l'intérieur de ce grand quadrupède, on a trouvé des feuilles dont on a pu reconnaître la nature ; elles appartiennent à une espèce de pin (le *hemlock*) qui croît encore aujourd'hui dans le lieu où le squelette a été découvert ; ce qui fait voir que, depuis l'époque où vivait ce mastodonte, la végétation et, par suite, la température de l'Amérique septentrionale, n'ont pas changé notablement.

On a trouvé en assez grand nombre des débris de mastodontes dans diverses parties des États-Unis. En

1706, on fit une trouvaille de ce genre près d'Albany, dans l'État de New-York. A ce sujet, le gouverneur Dudley écrivait à un théologien de Boston que « ce devait être un débris de quelque être humain dont le déluge seul avait pu triompher, qui, pendant la catastrophe, avait dû tenir sa tête au-dessus des nuages, mais avait fini par succomber. » Le révérend Cotton Mather, à qui étaient adressées ces considérations géologiques, avait, pour son compte, sur la foudre, des opinions fort différentes de celles que fit prévaloir la découverte de Franklin. Le bon théologien considérait la foudre comme un produit du malin esprit, « et c'est pour cela, ajoutait-il, qu'elle frappe volontiers les clochers. »

Outre cette exhibition géologique, qui est permanente, il y a en ce moment à Boston une exhibition artistique à l'Athenæum, établissement particulier qui est parvenu à se former une bibliothèque de quarante mille volumes. On y voit depuis quelques jours un tableau d'Healy où est représenté le grand orateur whig, M. Webster, prononçant ces paroles qui résument la politique de tous les patriotes éclairés des États-Unis : « Liberté et union pour toujours! » En ce moment, M. Webster est à Boston. Il est question de relever le parti wigh, abattu dans les dernières élections. Le moment est bien choisi pour exposer le tableau d'Healy; aux États-Unis, la politique a le pas sur tout le reste, et l'intérêt pour les arts a grand besoin d'être aidé par elle. Ce tableau est un portrait. Tout est sacrifié à la figure principale; les traits caractérisés, la tête puissante, l'attitude dominatrice de l'orateur, sont rendus avec énergie et avec un peu d'affectation, ce qui n'est peut-être pas un défaut de ressemblance. J'ai éprouvé un vif sentiment de plaisir en reconnaissant, parmi les auditeurs représentés dans le tableau, un Français que le peintre a eu la pensée d'associer aux notabilités américaines, tant sa célébrité est inséparable de l'Amérique : c'est nommer M. de Tocqueville. Presque au début d'un voyage inspiré par son livre, et protégé par son amitié, il m'a été doux de le rencontrer sur cette terre étrangère, comme s'il m'y attendait pour me tendre la main.

Avant de quitter Boston, j'ai été assez heureux pour contempler un des résultats les plus extraordinaires de la puissance du sentiment d'humanité : j'ai vu Laura Bridgeman, cette jeune fille née sourde-muette et devenue aveugle peu de temps après sa naissance, dont l'histoire est déjà connue en Europe, surtout par le récit de M. Dickens. Ce voyageur, si sévère et si ingrat pour l'Amérique, n'y a guère admiré que Laura Bridgeman, apparemment parce qu'elle ne parlait point. On ne saurait trop revenir sur une semblable merveille, qui honore le pays où elle s'est produite. Voilà une pauvre créature séparée de la société par une triple barrière, condamnée, ce semble, à rester en dehors de la condition humaine, qui a été replacée à son rang d'être intelligent et mise en communication avec ses semblables par un prodige de dévouement ingénieux et de patience. L'auteur de ce prodige est le docteur Howe. J'ai passé une soirée bien intéressante avec Laura Bridgeman, le docteur et madame Howe, qui traitent Laura comme leur fille. Tous deux causaient avec elle en lui traçant des lettres dans la main. C'est par le toucher qu'elle *voyait* les sons. Qu'on songe combien il a été difficile d'établir un rapport entre les signes et les objets qu'on ne pouvait lui montrer! On lui apprit d'abord à distinguer par le tact un groupe de lettres en saillie, qui formaient le nom d'un objet; puis on parvint, après beaucoup d'efforts, à lui faire recomposer le mot en rapprochant les lettres séparées, et en même temps on lui faisait toucher l'objet. Un jour vint où elle comprit. Puis on lui apprit à représenter les lettres par l'alphabet manuel des sourds-muets, ce qu'elle fit assez facilement. Son intelligence s'était déjà développée, et elle parvint à épeler un objet avec les doigts, c'est-à-dire en le touchant; elle en vint à imiter avec ses doigts les lettres dont se composait le nom de l'objet. Une fois arrivée là, on l'a accoutumée à reconnaître par le toucher les signes qui lui sont connus. On lui parle dans la main : sa main est à la fois son oreille et sa langue. Il y a plus ; Laura sait écrire avec nos caractères. Je possède un autographe de l'aveugle-sourde-muette. C'est cette phrase en anglais : « J'ai toujours du plaisir à *voir* des Français. » Elle se dit parfaitement heureuse et semble très-gaie; elle rit sans cesse et ne s'ennuie jamais. Elle a toujours eu d'instinct une extrême délicatesse de femme ; caressante avec les personnes de son sexe, elle est très-réservée avec les hommes. L'histoire de son intelligence est curieuse. Il a fallu deux ans pour qu'elle comprît les adjectifs; elle a eu besoin d'un temps encore plus long pour saisir le sens des substantifs abstraits, comme *dureté*. L'idée de rapport exprimée par la préposition *dans* lui a donné beaucoup de peine. Ce qui a le plus tardé à venir, c'est le verbe *être*, ce verbe qui exprime un degré d'abstraction auquel ne peuvent parvenir les langues des sauvages. Ce n'est pas, du reste, le seul rapport qu'ait son langage avec le leur; ainsi elle disait *deux dimanches* pour *deux semaines*, comme ils disent, et les poëtes avec eux, *vingt printemps* pour *vingt années*. Laura a appris très-facilement à écrire, et a su bientôt faire des additions et des soustractions de petits nombres. Rien n'est plus touchant que le récit véridique de la manière dont elle a reconnu sa mère. Celle-ci plaça d'abord sous les doigts de sa fille des objets familiers à son enfance. Après n'avoir longtemps manifesté que de l'indifférence, un souvenir vague, un soupçon s'élevèrent tout à coup dans l'âme de Laura. Elle pâlit, rougit, se jeta sur le sein de sa mère et fondit en larmes. M. Howe m'a raconté comment elle est arrivée à comprendre l'existence de Dieu : c'est comme les philosophes, par l'idée de causalité. « Il y a des choses que les hommes ne peuvent faire, disait-elle, et qui pourtant existent, la pluie, par exemple. » Ce n'est pas le spectacle de la nature ou le bruit de la foudre qui lui ont révélé la Divinité, car pour elle la nature est voilée et la foudre est muette; il a suffi de l'impression produite par une goutte d'eau pour faire naître dans son esprit cette question de la *cause* que l'homme pose nécessairement, et à laquelle il n'y a qu'une réponse : Dieu.

CHAPITRE VII

Entrée en Canada. — La France au bout du monde. — Montréal. — Québec. — Anciennes possessions de la France en Amérique. — Montcalm et Wolfe.

J'ai pris le chemin de fer, dont je viens de voir célébrer l'ouverture avec tant de solennité, et qui conduit de Boston à Montréal.

Quelques heures après notre départ, nous sommes au milieu des défrichements. Le spectacle qu'on allait chercher, il y a quelques années, avec des fatigues infinies, au fond des forêts vierges, aux limites de la civilisation, on le rencontre maintenant sur les bords d'un chemin de fer. Voilà bien des divers degrés du *settlement,* les restes des troncs brûlés pour éclaircir le sol, la maison de bois qu'on vient de construire avec les arbres que la hache a couchés, des essais de culture entre les maisons de bois et les troncs d'arbres noircis par le feu. C'est ainsi que commencent les sociétés. Ces pierres d'attente de l'avenir parlent à mon imagination un autre langage que les débris du passé, mais elles ne l'ébranlent pas moins fortement. Quand je contemplais des ruines en Italie, en Égypte, je rêvais à ce qui a été : en contemplant ces rudiments d'habitations humaines, je rêve à ce qui sera. Des tronçons de colonne épars sur le sol sont sans doute plus beaux que ces tronçons de sapin à demi brûlés; mais je ne sais s'ils ont plus de poésie, et surtout plus d'éloquence.

Et puis, il est si étrange de voir fuir et tournoyer cette scène d'une civilisation encore sauvage, emporté que l'on est soi-même à travers les sapins, les cabanes en bois, les défrichements, par ce boulet qui entraîne avec fracas quatre cents personnes, dont un grand nombre se précipite vers l'Ouest pour aller faire plus loin ce qui me frappe ici.

Enfin nous arrivons au bord du Saint-Laurent. Il y a quelques jours, j'avais, à Boston, la température de Naples. C'est un autre climat, un autre monde; le froid est vif; l'eau du Saint-Laurent, les montagnes noires qui bornent l'horizon ont un air septentrional, un air de Baltique. Un pâle soleil est réfléchi par les toits couverts de fer-blanc. L'impression que je ressens est une impression de tristesse, de silence, d'éloignement. Je descends sur le beau quai de Montréal; on y embarque

Montréal. — Vue du champ de Mars.

quelques bûches, on y entend retentir de rares coups de marteau. Que sont devenus le mouvement et le tumulte qui animaient les ports des États-Unis?

A peine débarqué, une querelle survenue entre deux

charretiers fait parvenir à mon oreille des expressions qui ne se trouvent pas dans le dictionnaire de l'Académie, mais qui sont aussi une espèce de français. Hélas! notre langue est en minorité sur les enseignes, et, quand elle s'y montre, elle est souvent altérée et corrompue par le voisinage de l'anglais. Je lis avec douleur : *Manufactureur de tabac,* sirop *de toute description;* le sentiment du genre se perd, parce qu'il n'existe pas en anglais; le signe du pluriel disparaît là où il est absent de la langue rivale. Signe affligeant d'une influence étrangère sur une nationalité qui résiste, conquête de la grammaire après celle des armes[1]! Je me console en entendant parler français dans les rues. On compte par écus, par louis et par lieues. Je demande l'adresse de M. Lafontaine, qui n'écrit pas des fables, mais qui est le chef d'un ministère libéral et modéré, et j'apprends avec un certain plaisir qu'il demeure dans le faubourg

1. Un poëte canadien s'est plaint de cette invasion de l'anglais dans des vers comiquement barbares :

> Très-souvent, au milieu d'une phrase française,
> Nous plaçons sans façon une tournure anglaise;
> Presentment, indictment, impeachment, fireman,
> Sheriff, writ, verdict, bill, roast-beef, foreman.

Saint-Antoine. Le faubourg Saint-Antoine de Montréal est beaucoup plus agréable que celui de Paris : il est plus propre, moins bruyant ; c'est un vrai faubourg champêtre, avec beaucoup de jardins. Le faubourg Saint-Antoine, au temps de madame de Sévigné, devait ressembler à cela.

En sortant de chez M. Lafontaine, je suis revenu par un chemin à mi-côte, bordé de jolies maisons en bois, souvent ornées de moulures et de fenêtres gothiques. Je m'étonne que la végétation ne soit pas plus septentrionale ; je m'attendais presque à ne voir que des arbres toujours verts, et j'en vois très-peu. J'aperçois en revanche de très-beaux chênes. Le pommier de Normandie croît à côté de l'orme américain dans cette France américaine. Le soleil est plus chaud que ce matin ; je trouve la ville moins triste ; la rue principale est bordée d'assez beaux magasins. La cathédrale, quoique peu ancienne, a un aspect de gothique européen, un faux air de Notre-Dame. Les maisons sont généralement bâties en granit ou en bois ; on peint ce bois en gris pour imiter le granit. La couverture métallique des toits, les vêtements des gens de la campagne, tout est de la même nuance. Chaque ville a sa couleur : Constantinople est rouge, Malte est blanche, Londres est noir, Montréal est gris.

Avant de rentrer dans la ville, j'ai désiré gravir la hauteur qui la domine et lui donne son nom; mais, de ce côté, je ne pouvais pénétrer qu'en traversant des propriétés particulières. J'ai franchi plusieurs portes et plusieurs cours sans rencontrer personne; enfin une bonne femme, occupée à jardiner, m'a dit, avec un accent plein de cordialité et très-normand : *Montais, m'sieu, il y a un biau chemin.* En montant, j'ai trouvé de beaux arbres et une vue admirable. Par delà l'arc bleu du Saint-Laurent s'étendaient des montagnes peu élevées, dont les tons gris cendré ou gris de perle se détachaient sur les nuages ou se noyaient dans la lumière. La ville se montrait par-dessus les arbres qui étaient à mes pieds; la cathédrale et plusieurs clochers gothiques dessinaient comme une silhouette blanche sur le ciel.

Ainsi qu'on vient de le voir, l'accent qui domine à Montréal est l'accent normand. Quelques locutions trahissent pareillement l'origine de cette population, qui, comme la population franco-canadienne en général, est

Cathédrale de Montréal (Canada).

surtout normande. Le bagage d'un voyageur s'appelle *butin*, ce qui se dit également en Normandie et ailleurs, et convient particulièrement aux descendants des anciens Scandinaves. J'ai demandé quel bateau à vapeur je devais prendre pour aller à Québec, on m'a répondu : Ne prenez pas celui-là, c'est le plus *méchant*. Nous disons encore *un méchant bateau*, mais non *ce bateau est méchant*. Nous disons un *méchant vers*, quand par hasard il s'en fait de tels ; mais nous ne dirions pas comme le Misanthrope :

> J'en pourrais, par malheur, faire d'aussi méchants.

Pour retrouver vivantes dans la langue les traditions du grand siècle, il faut aller au Canada.

Ayant eu soin de ne pas prendre le *plus méchant* des bateaux à vapeur, je suis parti pour Québec avant que la saison soit plus avancée, sauf à m'arrêter encore à Montréal en revenant.

Sur ce bateau est un ouvrier de Québec qui me traite avec une déférence presque affectueuse, en ma qualité de Français de la vieille France, et m'assure qu'on suit toujours avec intérêt ce qui se passe chez nous. Des Canadiens vivants ont encore vu des vieillards qui attendaient notre retour, et disaient : Quand viendront nos gens? Aujourd'hui, la pensée de redevenir Français n'est plus dans aucun esprit; mais il reste toujours un certain attachement de souvenir et d'imagination pour la France.

Aux premiers rayons du jour, je suis au pied du cap Diamant et de ces grands rochers qui forment comme le soubassement de Québec, et en font une position si forte. Ils me frappent par une singulière ressemblance avec la montagne du Roule, qui domine Cherbourg.

La situation de Québec est magnifique. Au pied des rochers que la ville couronne, la rivière Saint-Charles vient se jeter dans le Saint-Laurent; en face sont de beaux villages, de blanches maisons semées au milieu des arbres; de légères embarcations et de gros navires voguent sur le fleuve majestueux : la vue les suit jusqu'au moment où ils tournent derrière ce promontoire sombre et grandiose qui s'appelle le cap Tourmente, et la ville domine cet ensemble pittoresque d'eaux, de rochers, de villages, au-dessus desquels elle est suspendue.

Avant tout, je suis allé voir le champ de bataille où s'est décidé le sort de Québec du Canada et de la

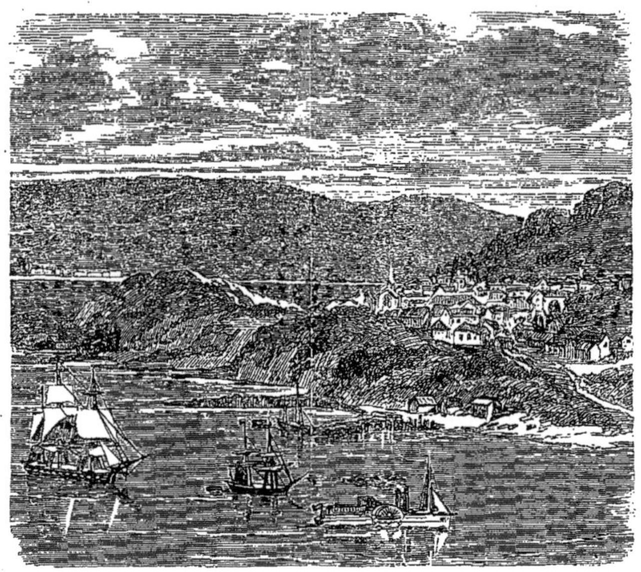

Vue de Québec.

France en Amérique. Il y a eu un temps où les Français dominaient par une ligne de forts les points les plus importants d'une étendue de douze cents lieues, depuis Terre-Neuve jusqu'au Mississipi. Alors le lac Ontario s'appelait lac Frontenac ou Saint-Louis; le lac Erié, lac de Conti; le lac Huron, lac d'Orléans; le lac Michigan, lac Dauphin; le lac Supérieur, lac de Tracy ou de Condé; la rivière des Illinois, rivière Seignelay; le Mississipi, rivière Saint-Louis ou rivière Colbert. En voyant une carte d'Amérique gravée en 1688, je croyais voir une carte de France. Tout cela composait la Nouvelle-France, et de tout cela il ne nous reste rien. Dans le pays que nous possédions étaient ces régions de l'ouest vers lesquelles se précipite aujourd'hui l'activité américaine, et qui seront un jour la portion la plus riche et la plus peuplée des États-Unis. Je ne sais, du reste, si nous eussions pu conserver ce vaste empire.

Pendant que la France lançait dans les profondeurs inexplorées du nouveau continent ses missionnaires et ses guerriers, l'Angleterre établissait sur le littoral des colonies agricoles et marchandes, et s'avançait d'un pas lent, mais sûr, vers l'intérieur du pays. Surtout depuis l'affranchissement de ces colonies, comment nos établissements auraient-ils pu subsister sur cette longue ligne, séparés par elles de la mer? Les États-Unis pouvaient-ils nous abandonner le Mississipi et laisser lier l'artère principale de leur commerce sans étouffer[1]? Ce que nous avions à faire, c'était de défendre et de garder le Canada; or c'est ce que nous ne fîmes point : presque jamais on ne comprit en France l'importance de cette colonie. Dès 1629, le Canada fut momentanément occupé par les Anglais. Le conseil de Louis XIII tenait si peu à cet établissement, qu'il proposait de n'en pas demander la restitution; mais Richelieu, avec ce grand instinct de nationalité qui fut le génie de sa politique, ne partagea point cet avis et revendiqua une possession qu'on voulait livrer à l'Angleterre. Il fit armer six vaisseaux pour aider à la réclamation, et trois ans après l'Angleterre rendait le Canada à la France. Sous Louis XV, il n'y avait plus de Richelieu, et Voltaire, dont l'esprit était plus français que le cœur, écrivait : « Dans ce temps-là, on se disputait quelques arpents de neige au Canada. » On a vu ce que c'était que ces arpents de neige, et qu'il y allait pour nous de possessions plus vastes que l'Europe[2],

1. Peut-être aurions-nous pu nous étendre à l'ouest et atteindre l'océan Pacifique et la Californie. Turgot soumit au roi un plan pour peupler rapidement ces vastes contrées qu'on aurait appelées la France équinoxiale : il fut traité de visionnaire.

2. Les provinces anglaises d'Amérique occupent aujourd'hui à elles seules une étendue de près d'un demi-million de milles carrés, presque

dans lesquelles étaient comprises les meilleures terres des États-Unis. Plus fidèle à la France, le paysan canadien n'a point pardonné à la politique de ce temps, et, personnifiant dans un nom cette politique désastreuse, accuse encore aujourd'hui *la Pompadour*.

Tandis que, plein de ces souvenirs glorieux et tristes tout ensemble, j'errais à travers les rues de Québec, j'ai levé les yeux. Devant moi était un obélisque de granit sur lequel j'ai lu : *Montcalm*. Une autre face de l'obélisque porte le nom de *Wolfe*. On sait que, dans la bataille livrée devant Québec, les généraux des deux armées succombèrent le même jour, l'un enseveli dans son triomphe, l'autre dans son héroïque défaite. Il est bien à l'Angleterre d'avoir consacré dans un commun hommage la mémoire de Wolfe et la mémoire de Montcalm. Une inscription d'une noble simplicité se lit au-dessous de leurs noms : *Mortem virtus, communem famam historia, monumentum posteritas dedit.* — Leur courage leur donna la mort, l'histoire une gloire commune, la postérité ce monument.

le double de la surface de l'Europe. Une très-petite partie de ce terrain immense est cultivée.

La charrue à neige sur les chemins de fer de Québec.

Nous devons à notre tour proclamer que Wolfe était un généreux cœur, et capable d'un autre enthousiasme encore que celui de la gloire militaire. Pendant la nuit qui précéda l'assaut de Québec, dans la barque qui glissait sur le fleuve au pied des rochers, Wolfe, entouré de ses officiers, lisait à demi-voix, pour ne pas être entendu par les sentinelles ennemies, l'élégie de Gray *sur un cimetière de campagne*[1], dans laquelle sont exprimées avec tant de charme et de mélancolie les douceurs paisibles de la vie obscure, et qui était nouvellement arrivée d'Europe. En terminant sa lecture, Wolfe dit : « Messieurs, je serais plus fier d'avoir fait ces vers que de prendre Québec. » Paroles vraiment belles dans la bouche de celui qui allait donner sa vie pour prendre Québec ! Blessé à mort et sa vue s'affaiblissant, il se faisait raconter les détails de sa victoire, et s'écriait : « Je meurs content ! » Montcalm disait de son côté : « Je suis heureux de mourir ; je ne verrai point les Anglais dans Québec. » Rien de plus touchant que cette joie magnanime chez ces deux hommes, tombant à la même heure

1. Le grand orateur des États-Unis, Webster, vient de mourir ; à sa dernière heure, il se faisait lire aussi l'élégie de Gray.

pour leur pays, l'un heureux d'un succès dont il ne jouira pas, l'autre s'applaudissant d'une mort qui lui épargne la douleur de voir le triomphe de l'ennemi, tous deux d'accord pour bénir une noble fin[1].

1. Tel est l'intérêt historique et national qui s'attache au combat mémorable livré sur les hauteurs qu'on appelle les *plaines d'Abraham*, et dans lequel Montcalm perdit la vie. Ce qui est moins connu, c'est qu'un Français dont le nom ne doit pas être oublié, le général Levi, revint peu de temps après, par une victoire remportée sur les Anglais, aux lieux mêmes qui les avaient vus triompher, venger la mort de Montcalm ; mais il ne put reprendre Québec.

CHAPITRE VIII

Le paysan canadien. — Seigneuries. — Instruction publique. — Gouvernement de l'Angleterre.

M. Garneau, qui a bien voulu être mon obligeant cicerone, a écrit une histoire du Canada, la seule complète, fruit de recherches consciencieuses et animée d'une sympathie sincère pour la France. L'histoire du Canada est un complément de notre histoire[1].

J'ai été avec lui admirer la belle cascade qui porte le nom si français de Montmorency et visiter les cultivateurs des environs de Québec, chez lesquels les mœurs de la vieille France vivent dans toute leur intégrité. La colonisation du Canada ne fut point composée de gens sans aveu, d'aventuriers de bas étage, mais d'honnêtes campagnards, de petits gentilshommes et de

1. La seconde édition se trouve chez Bossange, à Paris.

soldats. On m'assure même qu'un bâtiment qui apportait une population moins respectable fut renvoyé avec elle en France.

Aussi l'*habitant* canadien (le mot de paysan n'est pas connu) est-il en général religieux, probe, et ses manières n'ont rien de vulgaire et de grossier. Il ne parle point le patois qu'on parle aujourd'hui dans les villages de Normandie. Sous son habit de bure grise, il y a une sorte de noblesse rustique. Quelquefois il est noble de nom et de race, et descend de quelque cadet de Normandie. Nous avons, par exemple, rendu visite à un *habitant* qui menait la vie d'un paysan aisé et s'appelait M. de Rainville.

La cascade Montmorency est formée par une belle nappe d'eau légèrement tortueuse qui tombe de deux cent trente pieds, presque dans les eaux du Saint-Laurent, entre des arbres et des rochers. La chute, comme il arrive souvent, s'est fait jour au point où se joignent deux terrains différents, les schistes et le calcaire.

Pendant le temps que j'ai passé à Québec, j'ai beaucoup entendu parler politique. J'ai trouvé dominante l'opinion que j'avais rencontrée à Montréal : rester at taché au gouvernement anglais tant qu'il continuera lui-même à marcher dans la voie libérale où il a fini par entrer. Les Canadiens français sentent parfaitement que la réunion aux États-Unis entraînerait la perte de leur nationalité. Les États-Unis en ce moment font toute sorte d'avance aux Canadiens ; ils semblent dire :

J'embrasse mon rival, mais c'est pour l'*absorber*.

Le Canada jouit de toute la liberté désirable, et de plus n'est soumis qu'à des taxes locales. Il n'a rien à payer pour un gouvernement central qui réglementerait les travaux publics et le commerce, rien pour une armée. Il est vrai que ce gouvernement gratuit a l'inconvénient d'être à Londres, et que, si l'on ne paye pas d'armée, c'est qu'on est *gardé* par une armée étrangère. C'est là ce qui déplaît aux ardents ; de plus ils comparent l'activité de production des États-Unis, l'accroissement de leur population, de leur richesse, de leur puissance, avec la langueur relative du Canada, langueur, du reste, qui a été exagérée. La population française a décuplé, en quatre-vingts ans (de 60,000 âmes à 600,000), et cet accroissement de la population s'est opéré sans le secours de l'immigration; il ne s'est peut-être pas établi 4,000 émigrants dans le Bas-Canada depuis la conquête. En délivrant la terre des embarras de la législation féodale, on espère qu'un beaucoup plus grand nombre de colons pourrait venir s'établir dans un climat rude, mais sain, qui, pour les populations catholiques ou parlant le français, comme les Belges, les Suisses, les Français eux-mêmes, aurait des avantages que n'offrent pas les États-Unis. Il ne faut pas croire que le gouvernement se soit endormi dans l'inaction, tandis que le peuple voisin multipliait avec une si grande rapidité les voies de communication sur son vaste territoire. Un Anglais, qui ne partage pas tous les préjugés de quelques-uns de ses compatriotes sur les États-Unis, exprime, dans un voyage récemment publié[1], combien il a été surpris en trouvant les routes au Canada dans un beaucoup meilleur état qu'il ne l'espérait. Jusqu'à l'année 1849, on a dépensé au Canada, en routes et ponts, plus de 450,000 livres sterling, et pour deux canaux seulement, plus de deux millions de livres. L'un d'eux est le canal Welland, établi

1. *Notes on Publics subjects made during a tour in the United States and Canada*, by Hugh Seymour Tremenheere, 1852.

pour éviter la chute du Niagara. Un chemin de fer, dont les fonds sont votés, ira d'Halifax à Montréal, en passant par Québec. Le Saint-Laurent est une voie de commerce magnifique, mais pendant six à sept mois le passage est fermé par les glaces.

Les Canadiens nous appellent *les Français de la vieille France;* mais c'est le pays appelé autrefois la *Nouvelle-France* qui est aujourd'hui l'ancienne. La propriété foncière y est encore soumise au droit seigneurial. En 1852, il faut aller jusqu'en ce pays reculé pour entendre parler de seigneurs et de seigneuries ; ces seigneurs, il est vrai, ne sont pas des personnages féodaux. Il n'y a point de noblesse reconnue au Canada. Après la conquête, tout ce qui appartenait aux rangs les plus élevés de la société quitta le pays ; ce fut un malheur pour lui. On trouve bien, comme je l'ai dit, dans la classe des cultivateurs, et quelquefois dans les derniers rangs de la société, des noms nobles ; mais ceux qui les portent, gentilshommes d'origine, ne le sont plus de fait, et se confondent dans le reste de la population. Les prétentions d'un particulier qui voulait prendre le titre de baron n'ont pas été admises par le gouvernement. La démocratie règne ici comme aux États-Unis ; tous les hommes influents sont sortis de la bourgeoisie ou du peuple ; cela n'empêche pas que les terres n'appartiennent à des seigneurs, seulement ces seigneurs sont souvent de très-minces propriétaires. Le plus riche est le séminaire de Montréal, qui possède tout le terrain de la ville et le pays à plusieurs lieues à la ronde, ce qui lui fait un revenu de 26,000 louis. Les droits seigneuriaux se composent principalement de ce qu'on paye pour la *tenure* du sol, ce qui est très-peu de chose, et d'un droit sur les ventes qui s'élève à 12 pour 100 ; ce dernier droit est seul onéreux. Celui qui garde sa propriété pour la transmettre à sa famille, ce qui est en général le cas pour les Canadiens français, ne souffre pas de la législation du pays, car il ne paye que le droit de *tenure*, qui est insignifiant ; mais la transmission de la propriété foncière est très-gênée par le droit de vente. Le plus grand inconvénient des seigneuries est d'immobiliser la terre, et surtout d'écarter les émigrants, qui veulent une possession plus complète et la liberté de disposer du sol à leur gré.

Un tel état de choses ne peut durer, mais la difficulté est d'en sortir. Quelques-uns proposent de supprimer le droit des seigneurs, ce qui serait une véritable spoliation. Le chef du ministère actuel, M. Lafontaine, est d'avis qu'il ne faut point dépouiller les seigneurs de leur droit, mais déclarer la commutation forcée[1], c'est-à-dire, donner à l'occupant la faculté de devenir propriétaire en achetant le fonds pour un prix établi sur une évaluation équitable. C'est aux seigneurs à faire un arrangement, sans quoi ils seront dépouillés tôt ou tard. Malheureusement, ils semblent peu disposés aux concessions, et ils pourraient finir par tout perdre pour avoir voulu tout garder.

Le clergé catholique est très-populaire parmi les habitants d'origine française, et dans une complète sympathie avec eux. Il a pour revenu la *dixme*, qui n'est pas un dixième, mais un vingt-sixième des produit ruraux. Le paysan préfère beaucoup un impôt en nature à un autre impôt.

C'est sous le rapport de l'instruction que l'avantage des États-Unis sur le Canada est peut-être le plus considérable. Les puritains de la Nouvelle-Angleterre, malgré leur fanatisme intolérant et persécuteur, furent con-

1. Le séminaire de Montréal est le seul seigneur que le consistoire puisse forcer à la commutation.

duits par le principe protestant, qui fait à tout chrétien une loi de lire la Bible et d'y puiser directement sa foi, à établir des écoles, « le principal objet de Satan, disaient-ils, étant d'empêcher les hommes de connaître l'Écriture, en les détournant de l'étude des langues, à cette fin que l'instruction ne soit pas enfouie dans les tombeaux de nos pères... » Après ce considérant, dans lequel le diable joue le premier rôle, viennent des dispositions qui établissent des écoles dans chaque district *sous peine de grosse amende*. On était loin du principe volontaire, mais enfin on fondait des écoles; par un motif ou par un autre, on apprenait à lire à tout le monde. Au Canada, le clergé catholique a beaucoup fait pour l'instruction. Les séminaires de Québec et de Montréal, les jésuites, les récollets, ont contribué largement à cette œuvre. J'ai trouvé dans le séminaire de Québec [1] un cabinet de physique très-complet. J'ai reconnu notamment les appareils électro-magnétiques inventés par

1. La chapelle du séminaire contient quelques tableaux de Lagrenée, de Vanloo, de Parrocel, et trois attribués à Philippe de Champagne. Les collections de tableaux sont si rares aux États-Unis, que celle de Québec est probablement la plus considérable qui existe dans toute l'Amérique septentrionale.

mon père. J'ai vu un vieux prêtre, autrefois professeur de physique, tout ému par la présence du fils de celui dont il avait longtemps exposé les découvertes.

Tout cela montre combien le clergé canadien est éclairé, combien il a soin de se tenir au courant des progrès de la science européenne. Avec la meilleure volonté du monde pourtant, il était impossible à ce clergé de répandre les bienfaits de l'instruction parmi des populations disséminées sur un si vaste espace. Ces populations avaient aussi sur ce point, il faut le dire, des sentiments bien différents de ceux que manifestent généralement les citoyens des États-Unis. Aux États-Unis, un des premiers soins des communes qui se forment sur un terrain défriché d'hier est d'organiser des écoles[1];

1. Cet empressement n'est cependant pas universel. En 1834, la législature de Pensylvanie publia un acte pour un système général d'écoles dans l'État. Il y eut dans Philadelphie deux mille quatre-vingt-quatre pétitions pour, et deux mille cinq cent soixante-seize contre. Parmi les derniers pétitionnaires, soixante-six ne savaient pas signer leur nom. (*American Almanach*, 1836, p. 349.)

Dans un rapport sur l'état des écoles du Canada, en 1851, le docteur Meilleur établit que, durant l'année finissant au mois de juillet 1850, le nombre des écoles a augmenté de soixante-six et celui des élèves de cinq mille deux cent vingt et un sur l'année précédente.

mais au Canada, quand, il y a plusieurs années, la législature a décrété l'établissement d'écoles paroissiales, les *habitants* ont accueilli cette fondation avec peu d'empressement. L'on avait voté pour cet objet une somme considérable, et l'on voulait appliquer le principe américain d'une contribution des communes égale à la somme donnée par l'État ; mais les communes très-souvent nommaient des commissaires, à condition qu'ils ne feraient rien, et, quand ils voulaient faire quelque chose, ils couraient risque d'être assommés. En quelques endroits, on a mis le feu à la maison de ces commissaires. Là où la commune consentait à payer sa part du traitement des instituteurs, chaque habitant voulait avoir un instituteur à sa porte. Certaines communes en ont demandé dix-sept, ce qui réduisait singulièrement les appointements de chacun. Cette disposition des esprits s'est, grâce au ciel, beaucoup améliorée : des faits pareils ne se reproduiront plus ; mais, pour qu'ils aient pu avoir lieu, il a fallu que, parmi les honnêtes cultivateurs du Canada, un certain nombre fût bien étranger à ce besoin d'instruction, qui est si général aux États-Unis.

Quant à la conduite du gouvernement anglais, elle

a commencé par être odieuse et perfide toutes les fois que ce gouvernement ne se croyait pas menacé. Peu de temps après la conquête, une proclamation royale enjoignit au gouverneur de convoquer des assemblées provinciales, comme dans les autres colonies anglaises de l'Amérique : les Canadiens étaient invités à se confier à la protection royale *pour la jouissance et le bienfait des lois de notre royaume d'Angleterre.* Les assemblées ne furent point convoquées, mais les lois anglaises furent brusquement introduites à la place de la coutume de Paris. A ce changement on gagnait l'établissement du jury; on recevait un don moins précieux dans le chaos de lois, que l'usage et la tradition peuvent rendre supportables en Angleterre, mais qui, au Canada, sans rapport avec les antécédents du pays, étaient un véritable fléau. Les Canadiens français réclamèrent contre ces lois, « infiniment sages et utiles, disaient-ils, pour la mère-patrie, mais qui ne peuvent s'allier avec nos coutumes sans renverser nos fortunes et détruire entièrement nos possessions[1]. » Ceci se passait au moment où l'An-

1. Pétition de divers habitants de la province de Québec, présentée à Sa Majesté en février 1774.

gleterre commençait à craindre pour ses autres colonies ; il ne fallait pas trop désaffectionner la population française, en grande majorité au Canada. On lui rendit donc, par l'*acte de Québec*, l'usage de l'ancienne coutume française, tandis que, pour rassurer les sujets anglais contre l'arbitraire et les *lettres de cachet*, on introduisit dans la législation l'*habeas corpus* et le jugement par jury dans certains cas déterminés.

C'est probablement à ces concessions prudentes que l'Angleterre dut la conservation du Canada lors de l'insurrection américaine. Il est certain qu'à cette époque une grande portion du peuple canadien sympathisait avec les États-Unis. Il y avait deux cents Canadiens dans l'armée du général américain Montgomery, qui vint, comme Wolfe et Montcalm, mourir sous les murs de Québec. Les seigneurs et le clergé s'opposèrent à ce mouvement et conservèrent le Canada à l'Angleterre. Il faut avouer que les colonies anglaises, qui invitaient les Canadiens à secouer le joug de la métropole, ne faisaient rien pour se les attacher. Le congrès, dans une adresse au peuple américain, reprochait à l'Angleterre l'*acte de Québec*, qu'il dénonçait comme une tentative criminelle pour établir la foi catholique, comme un exemple de tyrannie dans l'empire britannique; et d'autre part, dans une lettre aux Canadiens, le même congrès leur disait que cet acte ne pouvait être bien mis à exécution par les Anglais. Ces contradictions durent contribuer à retenir le Canada sous la domination anglaise. M. de La Fayette désira tenter dans ce pays une expédition, il se flattait que son nom y réveillerait des souvenirs français; mais il ne put réaliser ce dessein, auquel il tenait beaucoup.

En 1791, Pitt divisa la province en Haut et Bas-Canada, et voulut y établir une constitution faite à l'image de la constitution britannique. Cette image était très-infidèle, comme Fox le fit remarquer. Au lieu d'une chambre des lords représentant une aristocratie indépendante, laquelle n'existait pas au Canada, Pitt créait un conseil législatif sans indépendance; il plaçait à côté de lui une assemblée représentative nommée par un corps électoral très-nombreux, et peut-être peu préparée par ses habitudes et son éducation à exercer ce pouvoir. Cette constitution à la fois monarchique et trop démocratique, et l'incurie du gouvernement anglais, n'ont produit pendant longtemps dans les deux Canada que confusion et désordre. Le Haut-Canada était presque exclusivement anglais, le Bas-Canada presque exclusivement français. Il y avait entre les deux pays animosité de race, de langue, de religion; on n'échappait aux inconvénients de la constitution de Pitt qu'en ne l'appliquant pas. Enfin, en 1837, lord John Russell imagina de la faire abolir par le parlement. Le conseil législatif cessa d'être électif, et comme l'assemblée représentative avait refusé de voter les fonds nécessaires pour les services publics, le gouvernement fut autorisé à prendre dans le trésor provincial, pour en disposer à son gré, des sommes qui avaient été votées, il est vrai, par la législature canadienne, mais dont l'appropriation avait été jusque-là réservée à cette législature aussi bien que le vote. Ce fut un coup d'État parlementaire contre les droits constitutionnels du Bas-Canada.

On sait ce qui a suivi. Les Canadiens ont pris les armes, ont livré aux Anglais trois combats, dans l'un desquels ils ont eu l'avantage ; puis leurs vaillantes milices ont été écrasées par les troupes régulières de la métropole. La victoire a été cruelle ; on a frappé surtout

Types de costumes de Canadiens indigènes

les jeunes gens appartenant aux meilleures familles. Après les exécutions des insurgés, on a voulu décapiter le pays, noyer la population française dans la population anglaise, en prononçant la réunion du Haut et du Bas-Canada. C'était le rêve du parti anglais, et ce que ses organes demandaient avec passion depuis plusieurs années. On est parvenu à faire voter ce changement par les deux législatures. Celle du Haut-Canada a été unanime, et à force d'argent on a obtenu dans le Bas-Canada quelques voix qui ont donné la majorité à la mesure tant désirée ; mais le résultat a été diamétralement opposé à celui qu'on attendait. Dans l'assemblée, où siégent réunis les représentants des deux provinces, les Français du Bas-Canada ont voté de concert et ont attiré à eux un certain nombre d'Anglais éclairés et influents. Depuis ce temps, ils ont la majorité. C'est ainsi qu'ils ont pu obtenir ce que lord John Russell avait refusé, la responsabilité des ministres. Le parti anglais violent, exaspéré de voir tourner en faveur du parti français une mesure au moyen de laquelle il avait espéré l'anéantir, s'est soulevé à son tour ; mais sa campagne a été honteuse, elle s'est bornée à une ignoble émeute qui, après avoir tenté de pendre les ministres, a brûlé la salle des séances du corps législatif et la bibliothèque : tel a été l'exploit principal de ceux qui se nommaient au Canada les tories et les conservateurs. Quelques-uns de ces tories émeutiers et incendiaires, par le dernier effort d'un machiavélisme désespéré, poussent aujourd'hui à l'annexion, pour anéantir, même au profit de leurs adversaires naturels, le pays qu'ils n'ont pu opprimer. Enfin le gouvernement anglais a compris qu'après tant d'iniquités et de maladresses il était temps d'appliquer au Canada la maxime de Fox : « Le Canada doit être conservé à la Grande-Bretagne par le choix de ses habitants ; mais pour cela il faut que leur condition ne soit pas plus mauvaise que celle de leurs voisins. » La grande majorité des Canadiens français, voyant cette disposition impartiale du gouvernement, résiste à l'attraction que les États-Unis exercent sur une portion peu considérable, il est vrai, mais très-vive de l'opinion libérale. A la tête de cette fraction, séparée des Anglais par une rancune irréconciliable, est M. Papineau, le plus grand talent oratoire du Canada. Il est fâcheux que dans les circonstances présentes il ne puisse jouer un rôle. Retiré dans sa seigneurie, sur les bords de l'Ottawa, il attend un jour, qui viendra peut-être, si les antipathies de race assoupies momentanément se réveillent entre les descendants des Anglo-Saxons et les descendants des Normands, qui ont changé

Exploitation d'une mine de cuivre au Canada.

de rôle en Amérique et semblent, sur cette terre lointaine, poursuivre les représailles d'un ancien combat. La sagesse de l'Angleterre doit prévenir ce réveil, qui lui serait fatal et donnerait certainement le Canada aux États-Unis.

Avant de quitter Québec, j'ai passé quelques heures

fort agréables chez un homme très-Français d'esprit comme de manières, M. Chauveau. J'ai appris de lui, ce qui m'a été confirmé par d'autres, combien la population canadienne est occupée de la France. A peine si on lit les livres nouveaux qui se publient en Angleterre ; mais tout le monde lit les ouvrages français. Voltaire disait un peu ironiquement :

Partout, même en Russie, on vante nos auteurs.

Maintenant la Russie est à notre porte, c'est une province littéraire de la France ; mais un peu plus loin, au Canada, il en est de même qu'en Russie : toutes les jeunes filles savent par cœur l'*Automne* de M. de Lamartine. M. Chauveau, bien que jurisconsulte et homme politique, cultive avec goût la poésie ; il a écrit, pour défendre son pays contre quelques sévérités françaises, des vers très-français de tour et d'esprit, et qui ne semblent point du tout venir de l'autre monde.

Autrefois le commerce du Canada consistait surtout en fourrures. Il faut lire dans l'introduction d'*Astoria*, tracée par la plume élégante de Washington Irving, la peinture de l'existence presque féodale des membres de la compagnie du nord-ouest; l'auteur peint aussi la vie aventureuse des *voyageurs canadiens*, qu'il a vus dans sa jeunesse. Les premiers apparaissent dans la splendeur patriarcale de leurs banquets hospitaliers; les autres, tels qu'ils sont encore aujourd'hui, campant et bivaquant près des feux allumés au bord des fleuves ou faisant entendre aux rives solitaires des grands lacs les refrains grivois qui charmaient nos pères, et qui, maintenant oubliés d'une génération plus morale ou plus morose, vont expirer, contraste bizarre! dans les majestueuses solitudes des forêts du nouveau monde.

Aujourd'hui le principal commerce du Canada est le commerce des bois. On l'accuse de séduire et de démoraliser les Canadiens par l'existence tour à tour très-pénible et très-oisive qu'il impose. Un proverbe dit que le *raftsman* (celui qui amène le bois coupé dans les forêts le long des fleuves) se trouve à la fin de l'été avec une constitution épuisée, des habitudes d'ivrognerie, une paire de pantalons et un parapluie.

Cette vie misérable n'est pas sans poésie, et cette poésie a été exprimée assez heureusement dans un chant composé aux États-Unis. Le Maine a aussi dans ses forêts des *abatteurs* (*lumberers*), et c'est l'un d'eux que le poëte fait parler :

« Frappons, que chaque coup ouvre passage au jour, que la terre longtemps cachée s'étonne de contempler le ciel! Derrière nous s'élève le murmure des âges à venir, le retentissement de la forge, le bruit des pas des agriculteurs rapportant la moisson dans leur demeure future.

» Reste qui voudra dans les rues des villes, ou se plaise sur la plaine nivelée. Donnez-nous la vallée couverte de cèdres, les rochers et les sommets du Maine. Tenons-nous-en à notre pays boréal, sauvage et boisé; rude nourrice, mère vigoureuse, garde-nous sur ton cœur! »

CHAPITRE IX

Retour à Montréal. — Dîner politique. — Speeches. — Travaux d'utilité publique. — Séminaire. — Hospice.

30 septembre. Montréal.

Je suis parti hier soir de Québec, et ce matin me voilà de retour à Montréal. La sympathie pour un *Français d'Europe* que j'ai trouvée à Québec, je la retrouve ici. J'en reçois en arrivant un témoignage qui me touche vivement. On donne demain un dîner d'honneur à M. Lafontaine, qui, après avoir contribué plus que personne au succès de la sage politique dont le Canada ressent aujourd'hui les bienfaits, s'est décidé à quitter le ministère au sein de son triomphe, ce qui ne peut s'expliquer que par les raisons qu'il donne lui-même, des raisons de santé. Je suis invité à ce dîner d'adieu. Je m'associerai de grand cœur à cette expression de l'opinion publique, et je verrai là réunis pour une manifestation des meilleurs sentiments canadiens les hommes les plus distingués, Français et Anglais, du parti constitutionnel.

En attendant, j'enregistre quelques renseignements qui me sont donnés sur ce pays et qui dessinent le caractère des deux races qui l'habitent. Un changement notable s'est opéré depuis quelques années dans la situation commerciale de nos compatriotes du Canada. Le commerce de ce qu'on appelle les marchandises sèches (*dry goods*) était entièrement entre les mains des Anglais. Il n'y avait qu'un commerçant français à Montréal, pas un à Québec; aujourd'hui il n'en est plus ainsi. Les autres branches de commerce, les vins, les huiles, les épiceries, sont encore principalement entre les mains des Anglais. Je demande d'où provient cette différence; on me répond en souriant, — c'est un Français qui parle, — que ces branches du négoce s'arrangent mieux d'une conscience un peu élastique. On convient en même temps que les Canadiens français, en cela très-semblables à leurs frères d'Europe, sont trop accoutumés à compter sur la protection du gouvernement, trop peu disposés à combiner librement leurs efforts et leur action. Dans le Haut-Canada, au contraire, où prévalent, comme en Angleterre et aux États-Unis, le principe volontaire et l'esprit d'association, on se concerte fréquemment pour entreprendre un chemin, un canal. Ce contraste fait voir combien des tendances diverses semblent inhérentes au génie des deux peuples, puisqu'elles les suivent dans leurs plus lointaines migrations.

Cœlum non animum mutant qui trans mare currunt.

Certains traits qu'on peut plus particulièrement rapporter au naturel normand se montrent dans les habitudes des Canadiens français. Le Canadien n'est pas prêteur ; il lui coûte de se dessaisir de son argent. En même temps, ce qu'il y a de généreux dans le caractère français se trahit par une grande facilité à se faire caution pour obliger. La population du Haut-Canada se recrute par l'émigration, celle du Bas-Canada par un moyen plus direct. Un paysan disait à M. Johnston l'agronome : « Oh ! monsieur, nous sommes terribles pour les enfants[1]. » En général,

1. Si l'on en croit un publiciste anglais distingué, M. Gregg, l'ac-

l'Anglais ne fait qu'une chose ; le Français exerce à la fois plusieurs industries. Cette assertion ne m'a pas étonné, car j'ai vu l'autre jour un magasin où l'on vendait des bijoux, des fromages et des balais. Ceci, au reste, n'est point propre aux Canadiens français[1] ; partout l'on commence par là : la division du travail et du négoce est le produit du temps et du raffinement qu'il amène avec lui. Je me souviens qu'à Athènes, en 1843, presque tout s'achetait dans le même magasin : un chapeau, des bottes, une selle de cheval, un matelas ; et, comme le magasin était dans l'hôtel, le voyageur n'avait qu'à demander au garçon ces divers objets, ainsi qu'il lui aurait demandé une côtelette ou une tasse de chocolat, et on les mettait sur la carte avec le prix de la chambre et du dîner.

J'ai fait une promenade avec M. Lafontaine autour

croissement de la population serait plus rapide au Canada qu'aux États-Unis. Dans ce dernier pays, de 1830 à 1850, elle aurait augmenté de 33 pour 100, et au Canada, en moins d'années, de 1831 à 1848, l'augmentation eût dépassé 100 pour 100. (*Gregg's Essays*, t. II, p. 243.) Le même auteur nous apprend que, en vingt et un ans, la population coloniale de l'Australie s'est accrue de 600 pour 100. (*Ibid.*)

1. On verra que j'ai observé les mêmes choses dans les nouvelles villes de l'Union.

de la colline qui domine Montréal, en suivant de belles allées d'arbres. On a par moments une vue admirable. Nous sommes rentrés par le quartier où se trouve le grand bassin. C'est un magnifique travail : on l'a élargi récemment, des écluses permettent d'y introduire la quantité d'eau dont on a besoin. Je trouve ici plus d'activité que je ne m'attendais à en rencontrer. Ce n'est pas Boston ou New-York, mais la disproportion ne me paraît pas si grande qu'en arrivant.

Il est étrange, quand la plupart des nations européennes ont des consuls au Canada, que la France n'en ait pas dans un pays qui lui est uni par son origine, sa langue, ses sympathies, où sa protection pourrait attirer et aider des émigrants français ; nous pourrions aussi augmenter nos rapports d'échange avec ce pays. Après l'incendie de l'arsenal de Toulon, la France a acheté des bois au Canada, et l'on s'en est bien trouvé. Pourquoi ne pas nouer des relations dont le résultat serait de maintenir et d'étendre notre influence morale sur des populations françaises par le sang, et qui défendent, avec une persévérance touchante, leur nationalité contre le double envahissement de l'Angleterre et des États-Unis ?

1er octobre.

J'ai visité le séminaire de Montréal, lieu respectable, car de là s'est répandu sur le pays presque tout ce qu'il possède de culture intellectuelle. Aujourd'hui le séminaire a huit écoles, dont deux sont industrielles. Un ecclésiastique a bien voulu me servir de guide dans le jardin; il m'a montré de vieux arbres fruitiers d'origine française. M. l'abbé Villeneuve a pour l'horticulture une vive passion, qui me rappelait M. d'Andilly à Port-Royal; il m'a conduit à la maison de campagne du séminaire, où l'on voit encore les ruines du petit fort dans lequel les sauvages chrétiens se réfugiaient en temps de guerre. Nous avons visité ensuite l'établissement des sœurs grises; enfants, vieillards, malades, tout est soigné avec la plus active charité par cinquante sœurs dans cet établissement, qui contient quatre cents personnes. Ce qui m'a frappé, c'est l'air de sérénité, de bonheur et même de gaieté des religieuses. Ces saintes sont aimables comme des enfants. Puis je me suis rendu au dîner qu'on donnait à M. Lafontaine. Traité avec une distinction qui s'adressait à ma qualité de Français, j'ai été placé à côté du héros de cette fête patriotique. Les deux races, représentées par ce qu'elles ont à Montréal de plus respectable, fraternisaient franchement. M. Morin, que l'opinion désigne comme devant succéder dans le ministère à M. Lafontaine et y continuer sa politique, présidait le banquet. Il proposait les toasts, mêlant à ses paroles pleines de cordialité quelques traits narquois de vieille gaieté française, puis traduisait en anglais ce qu'il avait dit d'abord dans notre langue. Les discours ont été prononcés, les uns en anglais, les autres en français, et tous étaient inspirés par un sentiment de conciliation. Un seul orateur n'a pas caché sa préférence pour les États-Unis, qu'il a fait valoir aux dépens du Canada. On l'a laissé dire. M. Lafontaine a parlé en homme politique. M. Cartier, qui porte avec honneur le nom du célèbre Malouin, premier explorateur du Canada, s'est exprimé avec une chaleur toute bretonne. M. Loranger, jeune avocat de Montréal, a prononcé un discours très-amusant à propos du toast aux dames. On m'a fait l'honneur de désirer que je répondisse à celui qui était adressé aux hôtes. L'expression très-simple d'une sympathie bien vraie a été accueillie avec une faveur que je devais à ma qualité de compatriote. C'est ainsi du moins qu'il me semblait être accueilli, et quand, après avoir remercié l'assemblée de vouloir bien permettre à un étranger de prendre la parole dans cette solennité nationale, j'ai ajouté, ce qui pourra sembler singulier à mes lecteurs de Paris, « si un *Français* peut *être étranger au Canada,* » les bravos m'ont prouvé que ce sentiment n'était pas seulement dans mon cœur. Ce qui m'a le plus frappé, c'est l'effet qu'a produit le nom de Montmorency, ce nom, ai-je dit, le plus français de l'aristocratie française. Alors, dans cette assemblée libérale et démocratique, d'unanimes acclamations ont salué le symbole de la vieille patrie. Rien ne m'a mieux montré combien le culte des souvenirs nationaux s'est conservé fidèlement au Canada.

Je m'arrêterais bien volontiers plus longtemps dans cette autre France ; malheureusement l'hiver approche, je ne veux pas être surpris par la neige et les glaces. Je vais donc remonter le Saint-Laurent et traverser le lac Ontario pour atteindre Niagara et l'ouest des États-Unis ; mais je m'arrêterai dans un village habité par des Iroquois chrétiens. Ce village est peu éloigné de Montréal. Ainsi aujourd'hui parmi des Français, demain chez les Iroquois.

Pendant que je prononçais un *speech* à Montréal, l'Institut voulait bien entendre, dans une de ses séances publiques, une ode sur le *Temps présent,* qui n'est peut-être pas trop déplacée dans un *voyage,* et surtout dans un voyage aux États-Unis ; on en jugera.

ODE SUR LE TEMPS PRÉSENT

Lue à la séance publique annuelle des cinq Académies, le 25 octobre 1851.

Voyageur à travers l'espace,
Voyageur à travers le temps,
Changeant et d'idée et de place,
Pareil à ces débris flottants
Que le torrent sinueux pousse
Contre le roc ou sur la mousse,
Qui vont d'un bord à l'autre bord ;
Pareil à l'oiseau qui voyage,
D'île en île, de plage en plage,
Toujours volè et jamais ne dort :

Dans les temples grecs ou gothiques.
Tour à tour il me plaît d'errer.
Ages nouveaux, siècles antiques,
Tour à tour j'aime à respirer
L'esprit qui sort de vos ruines,
Sombres tableaux, beautés divines !
Lisant Homère au Parthénon,
Dans l'Apennin suivant le Dante,
Ou rêvant, sous la nuit ardente,
Près du colosse de Memnon.

Ou bien mon active pensée
Va parcourir d'autres déserts,
De ses courses jamais lassée,
Sondant de nouveaux univers,
L'abîme infini de l'histoire
Comblé de douleurs et de gloire,
Ces autres abîmes sans fond,
Où chaque siècle en passant sème
Foi, doctrine, erreur ou système,
Que de nouveaux siècles défont.

Comment dans ma route isolée
Cesserais-je ainsi de marcher?
A quoi mon âme désolée
Pourrait-elle encor s'attacher?
Je n'ai point d'épouse ou de frère;
J'ai perdu ma mère et mon père,
Ma sœur et mes autres parents :
Ceux qui m'aimaient, douleur suprême !
Je les vis s'en aller de même,
Et se fermer des yeux mourants.

Au sein de cette vie étrange
Qu'on raille et qu'on ne comprend pas,
Qui toujours fuit et toujours change
Parmi tant d'efforts et de pas,
A terre appliquant mon oreille,
J'écoute le temps qui sommeille,
Comme sommeillent les volcans ;
J'écoute le bruit de la foule,
Roulant comme la vague roule
Sur les ténébreux océans.

Dans les villes et les campagnes,
Chez le grand et chez le petit,
Dans le chalet, sur les montagnes,
Dans l'atelier qui retentit,
Dans le salon doré qui tremble,
Dans la mansarde qui ressemble
Aux sombres cachots de l'enfer,
Ou bien à ces plombs de Venise
Qu'un renom lugubre éternise,
Brûlants l'été, glacés l'hiver ;

J'écoute le sage et le prêtre,
Les confiants, les effrayés,
Et le savant qui dit : Peut-être,
Et le douteur qui dit : Croyez !
Et comment vous croirai-je, apôtre
D'une foi qui n'est point la vôtre ?
Ou vous, tribuns, qui nous offrez,
Pour guérir une âme sceptique,
Votre délire dogmatique
Et vos rêves désespérés ?

Oh ! je le vois bien, tout chancelle,
Tout craque jusqu'au fondement ;
Il se fait de l'âme immortelle
Comme un évanouissement :
Dieu s'évapore au fond de l'âme,
Creuset durci qui perd sa flamme.
Tout semble confus et brisé,
L'antique esprit n'a plus d'empire ;
Un monde qui fut grand expire,
Vieillard caduc, malade, usé.

Mais non, le monde est jeune encore!
C'est son habit qui seul est vieux.
Le couchant annonce l'aurore,
L'homme retrouvera les cieux;
Car les formes sont passagères :
Ce sont des larves mensongères
Que l'éternelle vérité,
Alors qu'on pense la contraindre,
Trop puissante pour s'y restreindre,
Brise de son immensité.

Vous qui prêchez la lettre morte,
Interrogez plutôt l'esprit;
La feuille meurt, le vent l'emporte;
Mais l'arbre éternel refleurit.
Vous soufflez sur les os arides,
Vous voulez repeindre les rides
Du front sénile de Janus :
Regardez sa face nouvelle,
Et que ce regard vous révèle
Les destins encore inconnus!

Oui, ces destins sont sous un voile
Que nul mortel n'a soulevé :
Le genre humain cherche une étoile,
Il cherche, mais n'a rien trouvé.
Des préjugés héréditaires,
Des fantômes humanitaires,
Le salut ne saurait venir.
Ah! trouvez, pour sauver le monde,
L'idée ignorée et féconde
Qui dort aux flancs de l'avenir!

Quand je ne verrais point cette heure,
Hélas! si tardive à sonner,
Attente d'une ère meilleure,
Je ne veux point t'abandonner!
Malgré l'utopie insensée,
Au culte saint de la pensée
Je ne dirai jamais adieu;
Car je crois à la Providence,
A la raison, à l'espérance;
Je crois en l'homme comme en Dieu.

Vous donc, amants de la nuit sombre,
Et vous qu'éblouit le soleil,
Poursuivez le jour faux ou l'ombre
Dans un aveuglement pareil,
Et combattez sans vous entendre,
Pour attaquer ou pour défendre;
Les uns élancés loin du port
Sans gouvernail et sans boussole;
Les autres, qu'épouvante Éole,
Vainement cramponnés au bord.

Sans le savoir, vers l'invisible
Vous allez, conduits par le ciel;
Dans vos efforts pour l'impossible,
Vous travaillez pour le réel.
Le genre humain dans tous les âges
A marché parmi les orages,
Et, trop retenu, trop poussé,
Ainsi que les mondes eux-mêmes,
Entre deux puissances extrêmes
Éternellement balancé.

Celle-ci vers le centre presse
La matière inerte qui dort;
Elle est pesanteur et paresse,
Et tend au repos, à la mort.
L'autre mettrait les corps en poudre,
Si son effort pouvait dissoudre
Le ciment dont ils sont pétris,
Et son explosion rapide
Sèmerait dans l'espace vide
La poussière de leurs débris.

Mais le Dieu qui leur donna l'être
Les dirige du haut des cieux,
Et de leur discorde il fit naître
Un mouvement harmonieux.
Nul globe ne tombe en poussière,
Et les astres, dans leur carrière,
Ne furent jamais arrêtés :
Roulant sous l'éternelle voûte,
L'univers suit en paix sa route
A travers les immensités.

Sorrente, 7 mars 1851.

CHAPITRE X

Un village d'Iroquois chrétiens. — Génie des langues américaines.

Tout près de Montréal est le village de Canguawhaga, habité par des Iroquois chrétiens. Dans ce village réside depuis quarante ans un curé nommé M. Marcou, qui est comme le chef de cette petite communauté. Aujourd'hui il n'est pas facile de rencontrer des sauvages établis chez eux et non mêlés avec les blancs, à moins d'aller du côté de l'Orégon ou au delà du Mississipi, vers la chaîne des montagnes Rocheuses. Un village iroquois est donc une bonne fortune pour un voyageur, même quand, comme celui de Canguawhaga, il est chrétien. Le costume des hommes est assez semblable au vêtement des paysans canadiens, mais celui des femmes est mieux conservé ; elles parlent leur langue, et même, en général, ne parlent pas français. Si j'ai eu le chagrin, en entrant dans le village, de surprendre les descendants du peuple le plus puissant et le plus redoutable de ces contrées jouant au bouchon, en revanche j'ai eu le plaisir d'acheter des mocassins à des Iroquoises qui ne pouvaient me parler que par interprète, et de voir une d'elles porter son enfant attaché dans un berceau qu'elle tenait verticalement, ainsi qu'eût pu faire la belle Céluta. L'iroquois est un langage fort doux et qui produit sur l'oreille à peu près la même impression que le grec moderne. En entrant chez M. Marcou, j'ai pu en juger en écoutant une Canadienne qui venait le consulter sur une affaire d'argent, car il est le conseiller de cette petite colonie, dont il est le père.

M. Marcou m'accueille avec sa bonté ordinaire, bien connue des voyageurs français. Il me donne sur les populations indigènes du Canada quelques détails assez curieux. Chaque tribu, me dit-il, a ses noms propres, tous significatifs : les noms de ceux qui meurent sont donnés aux enfants. Une tribu trouverait très-mauvais qu'un sauvage d'une autre tribu prît un de ces noms, son patrimoine et son héritage. Certains traits de mœurs contrastent singulièrement avec l'ensemble des sentiments et des coutumes de ces peuples. On sait que parmi eux la femme est la servante de son mari, porte les fardeaux et le gibier, etc.; eh bien, la mère est, à quelques égards, plus que le père dans la famille iroquoise. Non-seulement les enfants appartiennent à la femme, mais ils suivent l'oncle maternel plutôt que le père lui-même. Les Iroquois sont passionnés pour la musique; ils chantent très-mal, mais ils aiment beaucoup à chanter (cela se voit quelquefois même chez des peuples très-civilisés). On leur permet de chanter dans leur langue le *Credo*, le *Pater*, l'*Agnus Dei* pendant la messe, qui se dit en latin. Ils viennent à l'église chaque jour pour la prière du matin et la prière du soir, et le dimanche pour les offices, enveloppés dans leurs couvertures blanches. J'ai vu près de l'autel deux arbres ornés de rubans et assez semblables aux arbres de Noël auxquels on suspend, en Allemagne, les étrennes destinées aux enfants. Ces Indiens sont eux-mêmes de grands enfants. Ils avaient, comme tous ceux de leur race, la passion de l'eau-de-vie; la tempérance prêchée par le père Schniky, qui est le Matthews du Canada, les a beaucoup améliorés. M. Marcou est très-content du gouvernement anglais. Il ne lui déplaît pas d'avoir un souverain protestant, les souverains catholiques étant parfois disposés, dit-il, à toucher à l'encensoir.

Ce qui m'intéressait surtout, c'étaient les travaux de M. Marcou sur la langue iroquoise. Dans l'histoire comparée des idiomes humains, l'étude des langues américaines doit tenir une grande place. On avait cru d'abord que l'Amérique du Nord était couverte d'une foule de populations parlant des langues entièrement différentes, ce qui était difficile à concilier avec la ressemblance assez grande de leurs traits et l'analogie plus grande encore de leurs mœurs et de leurs croyances religieuses. Cette unité physique et morale et cette extrême variété de langage semblaient incompatibles. Cependant il faut reconnaître que le même fait se produit ailleurs. Quoi de plus semblable pour les yeux qu'un Chinois et un Tartare? Et pourtant il est certain qu'entre la langue chinoise et le mongol ou le mantchou, il n'y a pas la plus légère analogie. Le même phénomène, tout inexplicable qu'il est, pouvait se présenter en Amérique; mais un examen plus approfondi des langues de ce continent a montré que tous les idiomes de l'Amérique du Nord, et quelques-uns de ceux qui sont parlés dans l'Amérique du Sud, offraient cette particularité remarquable, que, souvent fort différents pour les mots, ils avaient des grammaires analogues. On dirait des métaux divers jetés dans le même moule. Ce n'est pas non plus un fait très-facile à expliquer; mais il est certain et peut s'accorder avec une parenté de race, malgré la diversité des vocabulaires, diversité matérielle, extérieure pour ainsi dire, tandis que l'identité de la grammaire est essentielle et fondamentale. Les mots sont la matière, la grammaire est la forme même du langage et de la pensée. Ce qui diminue un peu l'importance du résultat et empêche d'y voir un argument décisif en faveur de l'unité des races américaines, c'est que, dans des pays bien éloignés de l'Amérique, on a trouvé des exemples très-semblables de ce génie grammatical qu'on pourrait croire propre au Nouveau Monde, et qui consiste à exprimer un grand nombre d'idées par un seul mot, à avoir pour chaque groupe d'idées un mot particulier. Cette classe de langues, qu'on a nommée *poly-*

synthétique, n'est point propre au continent américain. On rencontre quelque chose d'analogue sans sortir de la France, dans le basque, et aussi dans les idiomes finnois du nord de l'Europe, enfin, dit-on, dans plusieurs idiomes africains, comme celui des nègres wolofs. Cette nature des langues polysynthétiques ou ultra-synthétiques n'est donc pas un fait local, mais semble plutôt résulter d'un état peu avancé de civilisation dans lequel l'analyse est sans puissance pour décomposer l'expression et la pensée. On voit que le problème est difficile et curieux, et qu'une conversation avec M. Marcou sur l'iroquois pouvait avoir son intérêt.

M. Marcou a composé une grammaire iroquoise et un dictionnaire iroquois, malheureusement encore inédits. Comme je demandais à un excellent prêtre du séminaire de Québec pourquoi ces importants travaux n'étaient pas publiés, il me répondit : « M. Marcou craint que les Anglais ne s'en servent pour traduire la Bible, comme ils ne l'ont déjà fait que trop. » M. Marcou, malgré ce danger, consentirait, je crois, à publier ses ouvrages sur l'iroquois, s'il trouvait moyen de le faire en France, et si quelqu'un à Paris pouvait en surveiller l'impression. Ce respectable ecclésiastique a bien voulu parcourir avec moi sa grammaire. Ayant un peu étudié des langues analogues à l'iroquois, je saisissais assez rapidement les bizarreries compliquées qu'il présente, et j'ai eu la joie d'entendre M. Marcou me dire : « Vous êtes grammairien. »

Voici ce qui m'est resté de plus saillant de cette inspection à première vue. — L'absence de l'analyse et de l'abstraction est ce qui caractérise l'iroquois comme les autres langues de la même famille. Ainsi il n'y a pas d'infinitif [1]. L'infinitif, c'est l'action abstraite, indéterminée ; il faut tourner par *que je ;* au lieu de dire *je veux aimer,* il faut dire *je veux que j'aime.* Ce qui est assez remarquable, c'est qu'il en est exactement de même dans le grec moderne [2]. En se dépravant, la langue d'Homère est tombée, sous ce rapport seulement, au niveau d'un idiome sauvage. La puissance d'abstraction d'où résulte l'*infinitif,* et à laquelle l'iroquois ne s'est jamais élevé, le grec l'a perdue dans l'usage vulgaire.

1. Il en est de même dans le *pokonchi,* parlé par les Indiens de Guatemala, à l'autre extrémité de l'Amérique septentrionale.

2. On dit que l'infinitif est également remplacé par le subjonctif dans le jargon parlé par les tribus errantes connues en France sous le nom de *bohémiens.*

Cette même impossibilité d'isoler l'idée abstraite, de l'exprimer autrement que dans telle ou telle relation, modifiée de telle ou telle manière, fait qu'on n'emploie jamais l'adjectif seul [1]. La quantité qu'il exprime n'est conçue qu'inhérente à un sujet. On ne peut dire *bon*, mais un *homme bon*, une *plante bonne*, etc.

L'iroquois, comme les autres langues de même famille, étonne par une richesse surabondante de formes grammaticales. Outre le verbe actif et passif, il y a le verbe fréquentatif, qui exprime la répétition d'un acte, le verbe réfléchi, le verbe réciproque, le verbe corrélatif, par lequel on fait entendre qu'on va au delà d'un lieu ou qu'on s'arrêtera en deçà, ce qui, par parenthèse, doit rendre difficile d'annoncer en iroquois le projet d'un voyage dont on ne sait pas bien le terme, surtout pour ceux qui, comme moi, sont sujets à changer d'avis sur la route. En revanche, une autre forme verbale fort commode pour les esprits mobiles signifie qu'on prend une résolution opposée à celle qu'on a prise précédemment. Par une troisième, on désigne une chose comme ces-

1. Par suite du même principe, dans la langue delaware, on ne peut pas dire *père*, mais seulement *mon père*, *ton père*, *son père*, etc.

sant d'exister ; c'est le contraire de l'idée que nous rendons par *devenir*. Je ne sache pas qu'une autre langue offre une semblable ressource grammaticale ; elle serait excellente pour traduire ce vers de Voltaire sur l'eucharistie :

Adore un Dieu caché sous un pain *qui n'est plus*.

Tous les noms peuvent se transformer en verbes et donner naissance aux diverses formes que je viens d'énumérer et à d'autres encore, et toutes ces formes sont susceptibles de se conjuguer de cinq manières différentes. On ne saurait imaginer une langue plus compliquée que celle que parle un petit Iroquois. Il a fallu à M. Marcou un travail de toute la vie pour se rendre compte de cette complication que le sauvage, à qui l'usage enseigne sa langue, ne soupçonne pas. De plus, il résulte de l'agglomération des radicaux qui s'altèrent en se combinant des composés d'une extrême longueur. Un seul mot iroquois veut dire : *je donne de l'argent à ceux qui sont arrivés pour leur acheter encore des habits avec cela*. Ce mot n'a que vingt et une lettres là où nous employons dix-sept mots, ce qui montre que les radicaux sont contractés ou apocopés. Il y a en sanscrit des mots aussi longs. Une des langues les plus parfaites et l'idiome d'un des peuples les moins développés se ressemblent donc jusqu'à un certain point par cette faculté de former des mots interminables, tandis que les formes de verbes fréquentatifs, réfléchis, réciproques, sont analogues à ce que présentent les langues sémitiques et surtout l'arabe. Toutes les ressources grammaticales semblent exister en germe dans le chaos des langues sauvages.

J'aurais longtemps écouté M. Marcou, qui me rappelait les anciens missionnaires des forêts de l'Amérique ; je le quitte à regret et avec une véritable émotion. Je traverse le fleuve à la nuit, dans un canot conduit par des Iroquois qui parlent entre eux dans leur langue. Il ne tient qu'à moi de me croire de deux cents ans en arrière ; mais l'illusion ne serait pas de longue durée. Le canot des Iroquois me conduit au bateau à vapeur sur lequel je vais, par le Saint-Laurent, gagner le lac Ontario. Je dis adieu au Canada avec une certaine tristesse ; il me semble abandonner de nouveau la France. Heureusement j'ai en perspective la chute du Niagara.

CHAPITRE XI

Une ville qui pousse. — Lac Ontario. — Chutes du Niagara.

La nuit a été employée à remonter d'écluse en écluse le canal qu'on a creusé le long du Saint-Laurent pour éviter les *rapides*. Nous touchons à Ogdensburg, et je découvre ce dont l'on s'était bien gardé de m'avertir (on n'avertit de rien en Amérique), que je devais ici changer de bateau. Vite on me met à terre avec mon bagage. Plusieurs grands *steamers* fument, prêts à partir de différents côtés. L'on n'est pas d'accord sur celui que nous devons prendre ; il faut aller de l'un à l'autre s'informer comme on peut. Personne pour me renseigner, me conduire, porter mes malles, et pendant ce temps-là les bateaux s'éloignent. Il en reste un cependant, c'est le nôtre ; mais celui-là ne partira pas ce soir ni demain dimanche. Nous resterons à Ogdensburg jusqu'au lundi matin.

J'ai remarqué qu'en voyage les contrariétés sont presque toujours l'occasion d'un incident heureux ; c'est un des principes de ma *philosophie du voyageur,* et il m'est arrivé de l'appliquer parfois à autre chose qu'à des voyages. Ma philosophie a triomphé cette fois. Je serais bien fâché de n'être pas venu à Ogdensburg et de n'y avoir pas passé un jour et demi, car je ne sais si j'aurais eu aussi bien ailleurs le spectacle d'une ville qui croît à vue d'œil, comme croissent les ailes de certains insectes. Il fallait un contre-temps pour s'arrêter à Ogdensburg, dont personne ne m'avait parlé et que je n'oublierai pas.

La ligne de chemin de fer qui met Boston en communication par l'Ontario avec la route de l'ouest, cette ligne, ouverte récemment, communique à Ogdensburg un mouvement dont on ne parle pas encore parce qu'il commence à peine, mais qui n'en est que plus curieux à observer. On voit ici le passage de la bourgade à la grande ville. La peau de la chrysalide enveloppe encore le papillon qui commence à montrer ses ailes.

Un des plus intéressants spectacles que présentent les États-Unis à un Européen, c'est ce que j'appellerais volontiers l'embryogénie des villes ; on peut en faire un cours complet, depuis le groupe de maisons de bois, qui est le germe informe, jusqu'à la ville arrivée à terme, bien constituée, ayant sa vie individuelle, sa conformation régulière et tous ses membres en bon état. Entre ces deux limites extrêmes, il y a une quantité infinie de degrés. Ogdensburg répond à un de ces degrés intermédiaires d'une organisation qui est en voie de développement. Je n'avais jusqu'ici rien rencontré aux États-Unis qui, sous ce rapport, m'eût autant frappé. Dans cette ville ébauchée, tout est nouveau, inachevé ; en allemand, on dirait que c'est quelque chose *qui devient (ein werden)* ; c'est comme une maison qu'on commence à construire, une chambre en désordre qu'on est en train d'arranger. Imaginez de grandes rues droites, larges, bien alignées ; çà et là, au milieu de ces rues, une boue noire ; sur les côtés, des trottoirs en planches, remplacés dans certaines parties par des dalles magnifiques; des groupes d'arbres qui ont appartenu à la forêt primitive, des terrains grossièrement enclos et qui ont l'air abandonné, dont on a pris possession, mais qu'on ne cultive pas encore, et, tout à côté de jolis jardins, d'élégants *cottages,* la civilisation la plus moderne, qui s'établit sur un terrain défriché d'hier, le confortable auprès de l'inculte ; des vaches paissant non loin d'un magasin de nouveautés où sont exposées les figures du *Journal des Modes* et les portraits des membres du gouvernement provisoire ; les ballots de marchandises dans la rue parmi des troncs d'arbres renversés, un mélange de sauvagerie qui s'en va et d'industrie qui arrive, quelque chose d'iroquois et de chinois : — voilà ce que je trouvai dans les rues parfaitement tracées et à moitié remplies d'Ogdensburg. Ces rues me disaient l'avenir de la ville; on les fait toujours ainsi, larges, longues, régulières, car on a toujours l'idée que la cité qu'on bâtit sera une grande cité ; moi-même je me représentais ce que serait dans vingt ans celle que je voyais ; elle aura peut-être cent mille âmes. Si un de mes lecteurs vient l'année prochaine à Ogdensburg, il ne trouvera plus rien de ce que j'ai vu. Je me rappelle avoir visité une île qui était sortie, entre l'Italie et la Sicile, de la mer où elle est rentrée : on en faisait des silhouettes pour les vendre aux curieux ; mais la figure de l'île volcanique changeait chaque jour, et au bout de vingt-quatre heures les portraits ne ressemblaient plus au modèle. Les villes des États-Unis, qu'on dirait sorties du sol par des éruptions subites, sont comme l'île Julia : elles changent sans cesse d'aspect, et le portrait qui est fidèle aujourd'hui ne le sera plus demain.

Après cette impression plus extraordinaire qu'agréable, produite par le spectacle du développement américain à Ogdensburg, je trouve une de ces impressions délicieuses de calme et de sérénité que donne partout une promenade à travers la campagne, sur une belle route, en vue d'une grande masse d'eau tranquille ; le défrichement a respecté un petit bois de chênes au bord du fleuve ; j'y ai rêvé longtemps en regardant l'eau à travers les branches et en écoutant les clochettes des vaches tinter comme dans un pâturage solitaire de l'Oberland. Ma rêverie a été interrompue par une voix de femme et par ces mots : *Cette poison d'enfant...* Je ne savais pas, sur les rives du Saint-Laurent, être si près de la place Maubert, et me serais volontiers passé d'être tiré brusquement de mon rêve par ce souvenir peu poétique de la patrie.

Nous remontons sur le grand fleuve, et bientôt nous commençons à voir les îles dont l'entrée du lac Ontario est semée, et qu'on appelle les mille îles. Ces îles sont en général basses et couvertes d'arbres qui paraissent sortir du lac. La marche du bateau qui serpente à travers ce labyrinthe verdoyant leur donne une apparence de mouvement ; elles semblent flotter et nager sur les eaux. Quand on a passé les dernières îles, le lac, qui avait encore quelque chose d'un vaste fleuve, s'ouvre et devient une mer. Ce n'est plus pittoresque, c'est encore poétique. Un paysagiste mépriserait ce spectacle, mais les peintres méprisent trop les effets qu'ils ne peuvent rendre, les hautes montagnes, les vastes espaces d'eau, l'immensité sous toutes ses formes. La création n'a pas pour but unique d'être renfermée dans un cadre de trois pieds et de *faire bien* sur un chevalet.

Vue de Kingston (Canada).

A l'horizon s'étend une ligne grisâtre : ce sont les bords peu élevés du lac, qui par moment se confondent avec ses eaux. Le bateau à vapeur aborde successivement à Kingston, ville canadienne, et à Oswego, ville des États-Unis. Le contraste des deux pays est frappant : Kingston est une cité tranquille, régulièrement bâtie, qui a un air ancien ; le port d'Oswego, petite ville de 12,000 âmes, est encombré de bâtiments. Une extrême activité règne partout, on débarque à la hâte le fer et le charbon. Le marteau qui radoube les embarcations frappe avec rapidité ; on sent qu'il est dans des mains pressées. Les passions politiques ne sont pas moins ardentes que la passion du travail et du gain. Dans un journal abolitionniste d'Oswego, je trouve les plus violentes injures contre les partisans du *compromis*, contre M. Webster en particulier, qu'on appelle le bas et infime ennemi de la race humaine, et un morceau contre les *kidnapers*, les ravisseurs, ceux qui prennent part légalement, il faut le dire, à l'arrestation des esclaves fugitifs. (Par parenthèse, les hommes du Sud donnent le même nom aux abolitionnistes qui favorisent la fuite de leurs esclaves.) Le journal d'Oswego s'exprime ainsi sur les agents de la loi, d'une loi bien dure, il est vrai : « Nous nous sentons obligé de déclarer que, s'il est une classe de criminels qui méritent d'être frappés sur-le-champ, ce sont les *kidnapers.* » Ce langage furibond n'est pas sans danger. Dans la ville de Christiania, un planteur qui venait réclamer un esclave fugitif a été tué il y a quelques jours. La question de l'esclavage est la seule qui produise aux États-Unis de véritables émeutes : c'est qu'il y a là tout à la fois une question politique et une question sociale.

7 octobre, Niagara.

J'arrive de grand matin à Niagara, et aussitôt je m'achemine vers la cataracte.

Le premier effet a été sublime ; entrevu aux pâles lueurs du matin, à travers la brume, le fleuve semblait tomber des nuages. J'étais en présence de quelque chose d'extraordinaire, de miraculeux : ce n'était pas un spectacle, c'était une vision. M. de Chateaubriand a rencontré la seule expression qui puisse peindre ce que j'éprouvais quand il a dit : « C'est une colonne d'eau du déluge. » Après cette première impression confuse et sublime, je me suis orienté dans la scène qui était devant moi. J'ai distingué les deux chutes, l'une au fond du fer à cheval, déversant sa nappe d'émeraude et de neige comme dans une vaste coupe; l'autre, moins large, tombant des deux côtés d'un rocher qui partage ses eaux en deux fleuves; l'une et l'autre avec un fracas immense et continu venant se perdre dans le gouffre, d'où remonte incessamment un nuage qui en cache le fond, pareille à la blanche vapeur qui s'élèverait au-dessus d'une chaudière gigantesque. Un double arc-en-ciel semble un pont fantastique à deux étages jeté sur le gouffre plein d'écume et de bruit. Ce bruit, le plus grand que la nature fasse entendre à l'homme, est comme le roulement de plusieurs tonnerres. Les Indiens ont eu raison de donner à ce lieu le nom de *Niagara*, qui veut dire tonnerre des eaux[1].

Une tour a été plantée sur le roc, entre les deux chutes. Du sommet de cette tour, qui frémit incessamment de la commotion du sol, le regard tombe à la fois et sur la nappe qui déborde dans le vide, sous vos

1. *O-ni-aw-ga-rah*, le tonnerre des eaux, en langue chippewa.

pieds, et sur celle qui s'épand un peu plus loin, le long de la paroi semi-circulaire de rochers, et sur la trombe de vapeurs qui sort de la profondeur invisible et retentissante des eaux. Il est impossible de ne pas être fasciné par ce coup d'œil incomparable, et en même temps il y a dans ces masses qui tombent quelque chose de simple et d'égal qui élève l'âme et qui la tranquillise. En bas, c'est le désordre du chaos; au-dessus, c'est le mouvement régulier et majestueux d'un monde.

Quittez-vous cette scène terrible pour faire le tour de l'île qui divise les eaux du Niagara au-dessus de la chute, bientôt le bruit derrière vous n'est plus qu'un grondement sourd. Vous marchez sous de beaux arbres au bord d'une eau rapide qui frôle l'herbe en gazouillant; puis vous revenez, vous vous arrêtez à un point de vue, à un autre; vous passez un pont de planches jeté sur un petit bras du fleuve, ruisseau coulant entre des fleurs, et qui, si vous y mettiez le pied, vous entraînerait irrésistiblement dans l'abîme[1]. Vous montez, vous descendez, vous

1. Un événement récent montre la vérité de ces paroles. Un jeune homme, en plaisantant, faisait mine de jeter dans le petit bras du

vous asseyez sur un banc, vous vous appuyez contre un arbre, et toujours le même tableau s'offre à vous sous un jour différent. A l'extrémité de l'île, les rapides bouillonnent. Quelle différence entre ce bouillonnement désordonné et le déroulement uniforme de la cataracte, entre le tumulte à la surface du fleuve et la tourmente au fond du gouffre! C'est comme une agitation superficielle et une passion profonde.

Cette expression : *enfer des eaux (hell of waters),* que lord Byron a appliquée à la cascade de Terni, conviendrait mieux à la cataracte du Niagara. Les poëtes voient la nature à travers leur âme. Pétrarque n'a trouvé que des peintures riantes au milieu des cimes nues et tristes qui entourent la vallée de Vaucluse; lord Byron a vu

fleuve une jeune fille qu'il aimait. Elle lui échappe, et tombe dans le courant. Le malheureux y saute après elle. Ils étaient à deux pas du bord; l'eau n'allait pas à leur ceinture; mais le courant est rapide, et la roche polie n'offrait aucune prise à leurs pieds. Après avoir lutté quelques instants, ils disparurent ensemble dans l'abîme. Presque chaque année, le Niagara est témoin de plusieurs catastrophes de ce genre. Toute imprudence peut être punie de mort. Avec un peu d'attention, le Niagara n'offre aucun péril; le seul péril est la sécurité.

un enfer dans la majestueuse cascade de Terni, qui vient mourir sous des orangers.

Un poëte, né à la Havane et mort au Mexique, Heredia, regrettait de ne pas retrouver dans le paysage assez insignifiant qui encadre la cascade du Niagara la nature tropicale de son pays. Dans sa remarquable description de la cataracte, il demande au monde moral des termes de comparaison pour exprimer la grandeur d'un spectacle qu'aucune image plastique ne peut rendre. Les mille et mille flots du Niagara se précipitent, dit-il, rapides comme la pensée. — Tu cours, dit-il au fleuve qui s'élance dans l'abîme, aveugle, profond, infatigable, comme le torrent obscur des siècles dans l'insondable éternité.

Ce soir, il y a eu un magnifique clair de lune. L'arc-en-ciel lunaire dessinait sa courbe pâle dans le ciel; la colonne de vapeur, balancée par le vent, s'abaissait et se redressait comme un fantôme. On eût dit l'esprit de la cataracte.

8 octobre.

Il me semble ce matin qu'hier je n'avais rien vu. Le spectacle qu'on a de la rive anglaise surpasse encore celui que présente la rive américaine. Nulle part la grande chute n'apparaît plus imposante que du milieu du fleuve ; puis, arrivé sur le bord opposé, on découvre en plein les deux autres chutes, qu'on ne voyait que de côté ou d'en haut sur le rivage américain. On peut s'avancer entre le rocher et la cataracte. J'ai essayé de cette singulière promenade, que Volney croyait impossible, et qui est à peu près sans danger. Je l'ai trouvée plus extraordinaire qu'agréable, surtout quand on la fait avec des lunettes. Il me semblait être sous une immense gouttière. En somme, j'aime mieux voir la cataracte que la recevoir. Ici seulement je n'ai pas trouvé ce que j'attendais.

Un autre point de vue vanté, le *Table Rock,* n'existe plus : le rocher s'est écroulé en grande partie ; la saillie qu'il projetait au-dessus du fleuve est maintenant éboulée. Le lieu d'où l'effet de la chute m'a semblé le plus étourdissant, c'est l'extrémité d'une poutre qui avance au-dessus d'une espèce de degré, lequel est très-près du gouffre. Debout sur cette poutre, on domine le cratère où l'eau se précipite, bouillonne et mugit. Au bout de quelques moments, on fait sagement de s'asseoir et de se laisser aller sans péril au tourbillonnement, qui paraît vous emporter et vous précipiter avec ce déluge assourdissant dans lequel on se croit entraîné. Ceci est tout à fait fantastique : c'est le rêve, le vertige. En présence de ce désordre immense, on se sent transporté par la pensée au temps des plantes colossales, des animaux gigantesques, au temps où se creusait le lit des océans, et où les chaînes de montagnes étaient soulevées par les forces déchaînées de la nature. Niagara vous apparaît comme le contemporain de ces êtres monstrueux, comme le produit de ces forces encore déréglées, comme un cataclysme de l'ancien monde.

Il y a des gens qui trouvent les chutes du Niagara très-inférieures à ce que leur imagination avait conçu. J'en fais compliment à leur imagination. Peut-être qu'en présence de l'objet leur pensée ne peut concevoir ce que leur vue embrasse. Niagara est, comme Saint-Pierre, plus grand que nature, et par la même raison l'on n'en saisit pas toujours l'ensemble du premier coup. J'ai entendu aussi comparer diverses cascades à Niagara : c'est comparer un lac à l'Océan. J'ai vu bien des cascades en Suisse, en Écosse, en Norwége, dans les Pyrénées; toutes ensemble se perdraient et se noieraient dans le Niagara, pygmées auprès d'un titan. Pour moi, les deux plus grandes choses de ce monde sont, parmi les monuments élevés par la main de l'homme, les ruines de Thèbes, et, parmi les œuvres de la nature, les chutes du Niagara.

Il faut songer que les grands lacs qui communiquent ensemble, l'Érié, le Michigan, le Saint-Clair, l'Huron, le Supérieur, qui, avec l'Ontario, forment le plus vaste amas d'eau douce qui existe sur la terre, et tous les fleuves qui alimentent ces lacs, n'ont d'autre issue que cette chute. C'est une mer qui tombe, voilà tout.

L'on avait d'abord exagéré la hauteur d'où les eaux se précipitent. La Hontan, qui est loin d'être un voyageur exact, la croyait de sept ou huit cents pieds. L'intrépide et malheureux Lasalle disait six cents. Ce dernier mentionne la cataracte sans paraître avoir été frappé de son aspect, tant le sentiment des grandes scènes de la nature est un sentiment nouveau dans le monde. Le père Hennepin déclare avoir été obligé de boucher ses oreilles pour ne pas devenir sourd au fracas de la cataracte. Je puis assurer que la précaution n'est pas nécessaire. Les anciens disaient bien des cataractes du Nil, qui ne sont que des brisants, qu'elles tombaient d'une hauteur énorme et rendaient sourds les habitants des lieux voisins. L'homme est toujours porté à exagérer même ce qu'il y a de plus grand.

La cataracte n'a guère que cent cinquante pieds, mais au milieu du fer à cheval la nappe a, dit-on, vingt pieds d'épaisseur. On estime qu'il s'écoule environ cinq milliards de barils d'eau (*barrels*) en vingt-quatre heures, ce qui fait à peu près soixante-neuf mille barils en une seconde. On a évalué la puissance hydraulique des chutes. Elle est de quatre millions cinq cent trente-trois mille trois cent quarante-quatre chevaux; dix-neuf fois, dit-on, le pouvoir moteur dont dispose la Grande-Bretagne, et plus qu'il n'en faudrait pour mettre en mouvement toutes les usines du monde. Je tremble en transcrivant ces chiffres. J'ai presque

Pont du chemin de fer suspendu au-dessus du Niagara.

peur que les Américains, qui n'aiment pas l'inutile, trouvent un jour le moyen de tirer parti de cette force si bien calculée en chevaux, et qu'ils ne fassent marcher une immense usine par la chute du Niagara[1] ! Des géologues, considérant la nature des rochers que la chute va toujours usant davantage, affirment qu'un moment viendra où cette chute sera remplacée par des rapides, et le Niagara, passé à l'état de souvenir, sera une merveille du monde perdue.

Tout n'est pas dit quand on a vu les chutes. Le fleuve mérite d'être suivi. Ses eaux vertes glissent profondément encaissées entre des rochers dont les pentes abruptes sont tantôt nues, tantôt tapissées d'arbres. Le lieu qu'on appelle le tourbillon *(wirlpool)* offre un des aspects les plus sauvages qu'on puisse rencontrer aujourd'hui aux États-Unis. C'est comme une espèce d'entonnoir de verdure au fond duquel l'eau tournoie, entraînant tout dans le cercle qu'elle décrit silencieusement. Enfin, à quelque distance, un pont suspendu, léger et très-hardi, apparaît tendu comme un fil au-dessus

1. J'ai lu dans un journal qu'on a construit un pont en fer au-dessus des chutes.

d'une gorge de deux cent quarante pieds, au fond de laquelle coule paisible cette eau que du pont même on voit à l'horizon former les retentissantes chutes du Niagara.

CHAPITRE XII

Une ville nouvelle. — La vie de bateau à vapeur. — Respect des femmes. — Un candidat à la présidence. — Les arts en Amérique. — Un sermon presbytérien.

Buffalo, 10 octobre.

Quand on voyage en Italie, on lit dans la *Guida* de chaque ville : « L'origine de cette cité se perd dans la nuit des temps. » Il n'en est pas de même aux États-Unis. Au lieu d'un fondateur héroïque, d'une mystérieuse origine, voici, si ce que l'on m'a conté est véritable, quelle fut l'origine et quel a été le vrai fondateur de Buffalo.

Un monsieur R... imagina de mettre en circulation des billets portant des noms d'endosseurs supposés. Il en fit ainsi pour dix millions, les payant exactement à mesure qu'on les lui présentait, et en forgeant de nouveaux. Au moyen de ce système de crédit aidé de faux, M. R..., qui avait les manières d'un quaker et dont la charité était célèbre, fit des entreprises immenses ; il bâtit à Buffalo des quartiers et jusqu'à un théâtre. Un jour la débâcle arriva : il fut condamné à dix ans de prison. Son temps fait, on est venu le chercher dans sa prison et on l'a porté en triomphe. Il avait créé la ville de Buffalo. Voilà un singulier triomphateur. Avouons que tout ceci rappelle un peu trop la profession des premiers fondateurs de Rome.

Du chemin de fer qui m'a amené à Buffalo, on m'a montré les travaux exécutés pour donner l'eau à la ville. « Existent-ils depuis longtemps ? ai-je demandé. — Certainement, m'a-t-on répondu, depuis plus d'un an. » Aux États-Unis c'est un siècle.

J'apprends que la semaine dernière un incendie terrible a détruit une partie de la ville, et j'en vois les vestiges récents. Il y a aussi des ruines aux États-Unis, mais ce sont des ruines d'une semaine. On est en train de rebâtir le quartier brûlé, on refait les trottoirs en bois, le premier étage des maisons est déjà construit. Dans un mois, il n'y paraîtra plus.

Le chemin de fer arrive, à travers la ville, jusqu'à une grande place de fiacres ; seulement il ralentit sa marche, et on sonne une cloche pour annoncer le passage du train. Les rues sont spacieuses et régulières. Certainement il n'existe pas à Paris de rue à la fois aussi large et aussi longue que la *Main-Street* à Buffalo, qui en 1795 était un village d'Indiens Senécas et comptait quarante maisons. Dans cette superbe et large rue, les caisses et les ballots de marchandises sont sur le trottoir. Il y a de grands espaces vides où paissent les vaches, et où les cochons se promènent, qui sont destinés à être des *squares*. Buffalo offre tout à la fois l'aspect d'une capitale et l'aspect d'une ville qui commence, de New-York et d'Ogdensburg. Je trouve encore ici ce mélange des industries qui ne disparaît qu'avec le temps. Comme j'avais besoin d'épingles, d'un livre de notes et de plumes métalliques, je suis entré chez un horloger, qui vendait en outre des couteaux, des violons et beaucoup d'autres choses.

Je m'aperçois que j'approche de l'ouest, à la plus grande familiarité des inférieurs. Un cocher m'appelle son ami *(my friend)*. Cela désespérerait un Anglais, et m'amuse presque autant que l'allocution d'un savetier romain à qui je demandais mon chemin, et qui me répondit : *Anima mia, non so.* Mais rien en ce genre ne vaut ce qui advint à un prince allemand[1]. Il avait fait prix avec un Américain qui devait le voiturer à la ville prochaine. Le conducteur entra, son fouet à la main, dans l'hôtel qu'habitait le prince, et dit: Où est l'*homme* qui part ce soir? Je suis le *gentleman* qui doit le conduire. — J'ai vu annoncé dans un journal, qu'*une dame (a lady)* désirait trouver une place de femme de chambre.

Je monte en bateau à vapeur tandis que le soleil se couche magnifique sur la nappe immense du lac Érié. En me réveillant le lendemain, je ne vois de rivage nulle part, je suis comme en pleine mer. Ce bateau à vapeur est, à la lettre, une maison flottante. Cette maison a plusieurs étages ; au rez-de-chaussée sont entassés les émigrants qui se rendent dans l'ouest; le premier est occupé par un grand et vaste salon où se trouvent des tables, des canapés, des fauteuils,

1. Le prince Bernard de Saxe-Weimar.

des poêles, un piano. L'usage réserve aux dames une des extrémités de ce salon. Chacun a une petite chambre qui donne sur le lac et où l'on est chez soi comme à l'hôtel. La vie est la même, les heures des repas sont les mêmes. Quand on sonne le tam-tam, on se met à table, après toutefois que les dames se sont assises : jusque-là les garçons défendent très-positivement aux *gentlemen* de s'asseoir, et personne ne s'assied. Il n'y a pas de peuple qui obéisse plus volontiers que les Américains à l'autorité qu'ils acceptent. Jamais je n'ai vu de discussion entre les voyageurs et le capitaine ; quand un passager se conduit mal, le capitaine le dépose à terre, quelquefois à trente lieues d'une habitation, sans que personne demande de quel droit. En ce qui concerne cette déférence obligée pour les femmes, nul ne résiste aux garçons du bord, parce que les garçons du bord commandent au nom d'un sentiment qui est celui de la majorité. On sait de quels égards les femmes sont entourées aux États-Unis. Elles peuvent aller seules d'un bout de l'Union à l'autre sans que, parmi le grand nombre de voyageurs souvent assez grossiers avec lesquels elles sont en contact, il s'en trouve un seul qui ait la pensée de leur manquer de respect. Ce respect est poussé si loin, qu'il s'étend, ce que je trouve un peu excessif, aux hommes qui ont une dame avec eux, *who have a lady in charge*. Dans ce cas, ils participent aux avantages accordés au beau sexe par la courtoisie américaine, et j'enrageais parfois de voir ces mortels privilégiés assis paisiblement, tandis que trois cents hommes moins heureux attendaient debout qu'une *lady*, qui très-souvent n'était pas une dame et ne s'en faisait pas moins attendre, vînt prendre sa place. De même, quand on allait à la queue des billets, les femmes passaient toujours avant tout le monde, et avec elles les hommes qui les accompagnaient. J'ai vu parfois un Américain rusé aller chercher une vieille paysanne à l'étage des émigrants, et passer ainsi avant nous, parce qu'il avait *a lady in charge*. C'est un abus sans doute, mais c'est l'abus d'un principe que je ne pouvais m'empêcher d'honorer. Je ne crois point, comme un voyageur anglais, que le respect pour les femmes soit l'effet de leur rareté dans l'ouest, car il est général aux États-Unis. Je crois qu'il a une autre cause : il résulte, je pense, de la rudesse même des mœurs américaines. Dans un pays où les formes de la politesse sont très-simplifiées, si ce frein n'était établi, il s'ensuivrait nécessairement, dans les rapports avec les femmes, une intolérable grossièreté. C'est, je crois, ce qui a produit la galanterie au sein des mœurs violentes du moyen âge. Dans les sociétés plus fortes que polies, un instinct avertit de respecter la faiblesse pour ne pas en venir à l'écraser. Au moyen âge, il fallait adorer les femmes comme les chevaliers, pour ne pas les opprimer comme les sauvages. Une alternative analogue se présentait dans la société des États-Unis, qui, surtout là où elle commençait à s'établir, avait aussi sa rudesse. Les peuples plus raffinés n'ont pas besoin d'être retenus par des prescriptions si précises : l'élégance naturelle des mœurs est chez eux une garantie que les femmes seront traitées avec les égards qui leur sont dus ; mais il faut avouer qu'en France on s'est souvent trop reposé sur notre réputation proverbiale de galanterie, et que nos compatriotes auraient parfois besoin qu'un garçon d'hôtel ou un conducteur de diligence les rappelât à l'observation d'un devoir qu'ils oublient trop souvent de remplir.

12 octobre. Détroit.

Détroit, autrefois le *fort Détroit*, porte un de ces noms français qu'on rencontre çà et là dans l'Amérique du Nord, qui rappellent la place que nous y avons tenue, et qui, hélas! en sont l'unique vestige.

A Détroit vit le général Cass, un des chefs du parti démocrate, et dont on parle pour la présidence prochaine [1]. M. Cass a attaché son nom à un voyage d'exploration scientifique dans l'ouest ; il possède des propriétés considérables dans l'État de Michigan. On sait qu'il a été longtemps ministre des États-Unis en France. Il aime notre pays et trouve du plaisir à en parler.

1. Toutes les prévisions de ce genre ont été trompées. Pendant mon séjour aux États-Unis, la question de la présidence occupait beaucoup les esprits. On parlait de M. Cass, de M. Douglas, de M. Houston, parmi les démocrates; — de M. Webster, du général Scott, parmi les whigs. On pensait généralement que les démocrates l'emporteraient, s'ils ne se divisaient pas. Ce parti a montré combien les Américains savent sacrifier leurs préférences personnelles au triomphe de leur opinion. D'un bout à l'autre de l'Union, les démocrates ont abandonné leurs candidats de prédilection pour se porter sur M. Pierce, dont je n'avais jamais entendu prononcer le nom. Les prétendants à la présidence qui appartenaient à ce parti se sont empressés de se désister en sa faveur, et il a été nommé à une immense majorité.

Le parti démocrate américain est fort différent de ce qu'on appelle en France le parti démocratique. Le général Cass est fier de son origine populaire, et a exprimé ce sentiment dans le sénat de Washington ; mais il n'y a pas dans son genre de vie la moindre affectation de mœurs démocratiques. J'ai eu l'honneur de le voir à Détroit au sein de sa famille. La maison où il m'a reçu était modeste, et ne se distinguait en rien des habitations voisines : mais tout y portait l'empreinte d'une simplicité digne. M. Cass m'a beaucoup parlé du roi Louis-Philippe, à la mémoire duquel il est resté fort attaché. Il pense que la France a eu grand tort de quitter la monarchie constitutionnelle pour la république. Je dois dire que je n'ai pas rencontré un Américain qui ne fût de cet avis.

Autre différence de la démocratie américaine et de la démocratie française : je suis allé voir représenter l'*Ouvrière (Factory girl)*, cette pièce qu'on jouait aussi à Lowell. L'héroïne, comme on peut le croire, a toutes les vertus ; elle sacrifie son amour et jusqu'à sa réputation pour sauver la fille de sa bienfaitrice. Tout cela devait être ainsi ; mais ce qui m'a paru plus digne de remarque, c'est que dans cette pièce, composée en l'honneur des travailleurs, où l'on se moque beaucoup des lords, des ladies, des comtes et des Français, il n'y a rien contre les riches.

En ce moment, on expose à Détroit une peinture dont l'auteur est un artiste américain ; c'est un tableau de chevalet fort ordinaire. Rien ne saurait être plus divertissant que l'emphase avec laquelle le démonstrateur du chef-d'œuvre le faisait valoir. Il a dit positivement qu'en Europe, parmi les tableaux anciens et modernes, aucun ne pouvait être comparé à cette merveille. Hier soir, a-t-il ajouté, un *gentleman* ne pouvait croire que les figures ne fussent pas en relief, il a été obligé de s'en assurer en s'approchant. Cela est chaque jour arrivé la veille au soir, j'imagine. Cette admiration pour les effets les plus communs de l'art de peindre est puérile. Les habitants de Détroit, qui semble une ville fort civilisée, auraient dû faire taire ce charlatan. Pendant qu'il parlait, j'étais tenté d'ouvrir la fenêtre et de dire à l'assemblée : N'écoutez pas ces louanges absurdes d'un ouvrage médiocre. Il y a ici quelque chose de bien autrement merveilleux que les raccourcis et les illusions d'optique qu'on vous vante comme si vous étiez des enfants ou des sauvages; il y a une rue d'une demi-lieue, large comme les plus grandes rues de Paris et de Londres, bordée de magasins, éclairée au gaz, dans une ville de 20,000 âmes, qui en renfermait 3 ou 4,000 il y a vingt ans. En 1810, comme me le disait hier le général Cass, il y avait 20,000 habitants à l'ouest de Détroit. Aujourd'hui il y en a 5 millions. Voilà ce qu'on ne trouverait pas en Europe :

> Excudant alii spirantia mollius æra.

13 octobre.

Aujourd'hui j'ai entendu un vrai sermon presbytérien. Le sujet était le déclin de la religion. Le prédicateur en a énuméré les causes :

1° La paresse, la négligence; il a tiré ses comparaisons de la vie commerciale. Si les jeunes gens préfèrent leurs chevaux, leur *buggy*, leur fusil à leur magasin *(shop)*, les affaires iront mal ; il en sera de même si on se relâche sur la *grande affaire*.

2° On prend la religion comme quelque chose de

théorique, de métaphysique, non comme un fait; dès lors elle ne peut plus agir sur le cœur;

3° L'*infidélité* a changé de forme; elle ne se produit plus sous un aspect grossier et repoussant, escortée du blasphème et de la licence, comme au temps de Thomas Payne; elle n'habite plus les tavernes et les mauvais lieux. Maintenant elle réforme le christianisme; elle prétend en savoir plus que la Bible. — Ici l'orateur a placé un morceau assez vif sur les âges des terrains selon les géologues, que pourtant des hommes très-pieux, M. Frayssinous parmi les catholiques, M. Buckland parmi les protestants, ne regardent point comme inconciliables avec l'Écriture, et une autre tirade non moins vive contre l'opinion plus difficilement orthodoxe, il est vrai, qui admet diverses races humaines ne procédant pas d'une même origine.

4° L'inimitié des diverses églises et des membres d'une même église entre eux. A en croire le prédicateur, il régnerait peu de charité entre les diverses sociétés religieuses qui sont forcées de se tolérer aux États-Unis. Il pourrait bien en être quelquefois ainsi. Quant à moi, ce besoin d'intolérance si naturel à l'esprit de secte ne m'a jamais plus frappé que dans un journal universaliste. Les universalistes sont ceux qui pensent que justes et pécheurs, croyants et incrédules, tout le monde sera sauvé. Voilà une doctrine fort charitable ; je n'ai nulle part trouvé plus d'amertume que dans la controverse consacrée à l'établir. Il semblait que le théologien qui avait écrit l'article en question voulût se dédommager, en insultant ses adversaires dans ce monde, du chagrin de ne pouvoir les damner dans l'autre. En revanche, il existe un poëme intitulé l'*Universaliade*, écrit tout exprès pour célébrer la damnation de ceux qui ne sont pas orthodoxes comme l'entend l'auteur.

Le prédicateur a cité enfin, comme une des causes de la décadence religieuse, le désir immodéré de faire fortune. Il a vigoureusement appuyé sur ce vice national. « Dieu, s'est-il écrié, Dieu fera ce qu'il a déjà fait : il soufflera sur ces richesses, afin de laisser à leurs possesseurs plus de temps pour penser à lui. »

Ce discours a été lu lentement, le prédicateur s'arrêtant entre chaque phrase avec quelque chose dans le ton de convaincu et d'*impressif*.

Voilà un sermon bien différent de la dissertation utilitaire de Boston. Plus on avance vers l'ouest, plus on trouve de foi véhémente et d'entraînement religieux.

CHAPITRE XIII

Une ville aux confins de la *prairie*. — Histoire de Chicago. — Aspect du lac Michigan. — M. Ogden. — Les sauvages.

Chicago.

On m'avait beaucoup recommandé d'aller à Chicago. Chicago est une ville située sur le bord du lac Michigan, à l'entrée de la *prairie*, c'est-à-dire de ces steppes immenses qui s'étendent à l'ouest jusqu'au Mississipi et par delà : terre vierge vers laquelle se porte le flot des émigrants, et qui, entre leurs mains, se change rapidement en champs cultivés, dont les produits refluent vers l'est ; grenier des États-Unis et ressource de l'Europe dans les mauvaises années. Il paraît que les Américains sont portés à s'exagérer l'étendue de leurs exportations de céréales en Europe. D'après M. Johnston, agronome anglais il est vrai, ils ne produiraient pas beaucoup plus de blé qu'il ne leur en faut pour leur consommation. Les Américains n'en sont pas moins disposés à regarder le vieux monde comme étant, sous ce rapport, à la merci du nouveau. Je me rappelle un article de journal dans lequel l'auteur, après s'être apitoyé sur ces malheureux pays de l'Europe, livrés à des révolutions perpétuelles, ne sachant pas l'art de se gouverner, ajoutait, à l'occasion des achats de blé américain faits par la France en 1847 et 1848 : « Ils ne savent pas même se nourrir, et mourraient de faim si nous n'avions pas de blé à leur envoyer. »

La prairie est pour les Américains comme un mot magique. C'est l'avenir, c'est le progrès, c'est la poésie. On ne parle guère aujourd'hui des forêts primitives ; elles ont été percées à jour par les chemins de fer. Ce n'est pas à elles que s'attaque surtout maintenant l'ardeur des émigrants ; plus souvent ils les laissent derrière eux pour aller exploiter la prairie, dont la culture est plus facile, plus rapide, où l'on n'a pas à défricher, à peine à labourer, où l'on sème dans une terre féconde également favorable aux moissons et aux troupeaux. L'imagination aussi est excitée par ces régions singulières, les seules où l'on trouve aujourd'hui la solitude, le charme de la vie errante, les aventures, les rencontres avec les Indiens, les troupeaux de bisons et de chevaux sauvages, la nature et la vie primitives. Le

Dépôt de câbles. (Chicago.)

poëte Bryant les a chantées; Cooper y a trouvé son trappeur *Bas-de-Cuir*; Washington Irving, l'écrivain élégant, les a décrites avec amour, et après eux une foule de touristes et de romanciers fatiguent chaque jour les lecteurs de récits et de peintures monotones, monotones comme ces plaines sans fin, et qui n'en ont pas la grandeur.

Chicago est aujourd'hui ce qu'était il y a trente ans Cincinnati, la sentinelle perdue de la civilisation de ce côté du Mississipi ; car au delà est Saint-Louis, le véritable poste avancé du mouvement vers l'ouest, l'avant-garde de cette armée de défricheurs que le grand fleuve n'arrête pas, et qui s'aventurera jusqu'aux plaines de sable qui s'étendent au pied des montagnes Rocheuses.

Westward the course of empire moves.

BISHOP BERKLAY.

J'aurais voulu voir Saint-Louis, celle peut-être des villes de l'Union dont le développement est le plus actif et le plus nouveau ; mais, pour revenir, il faudrait remonter l'Ohio, et l'Ohio est presque à sec en ce moment : je me bornerai donc à Chicago.

Chicago n'est pas une grande ville comme Saint-Louis, mais on me l'a signalée comme très-curieuse par la rapidité de ses progrès et par sa situation aux confins, pour ainsi dire, de la civilisation, au moins de ce côté. Un chemin de fer conduit droit au lac Michigan ; ce chemin traverse de vastes forêts coupées de flaques d'eau et de petites rivières. On arrive le soir au bord du lac, on le traverse en bateau à vapeur pendant la nuit, et le lendemain matin on se trouve à Chicago. Il faut se défier des prévisions et des prédictions

La Poste. (Chicago.)

en ce qui concerne l'extension future des villes en Amérique. On a voulu créer une capitale à Washington, et le vaste espace qu'on avait préparé pour les destinées idéales de la ville est demeuré en grande partie presque vide. D'autre part, M. Keating, qui accompagnait en 1823 le major Long dans son expédition, et traversait avec lui les tribus de Potwanies et de Chippewas qui occupaient alors le pays que je visite aujourd'hui en chemin de fer, écrivait : « Les dangers de la navigation sur le lac Michigan et le petit nombre de ports qu'offrent ses rives seront toujours un obstacle sérieux à la population de Chicago. » Or, la population de cette ville, qui n'existait pas il y a quinze ans, est aujourd'hui de 34,000 âmes.

A quelques lieues de Chicago, dans un pays qui n'a rien de montueux et qui est peu élevé au-dessus de la mer, se trouve le partage des eaux qui vont se jeter dans le Saint-Laurent ou dans le Mississipi. Ici les deux bassins se touchent, sont presque de niveau, et communiquent même par un canal dans la saison des pluies. Une faible inégalité du sol détermine si une goutte d'eau ira se perdre dans la baie d'Hudson ou dans le golfe du Mexique. N'y a-t-il pas, dans la vie des individus et des peuples, des moments qui ressemblent à ce lieu-là ?

L'hôtel où je suis descendu est un des plus grands et des mieux tenus des États-Unis ; le propriétaire était, me dit-on, il y a quelques années, tailleur au fond des bois (*in the backwoods*); il fit faillite et vint à Chicago, où, avec son frère, il vendait des pantalons à cinquante sous pièce; aujourd'hui il a bâti le magnifique hôtel qu'on est tout étonné de trouver près du lac Mi-

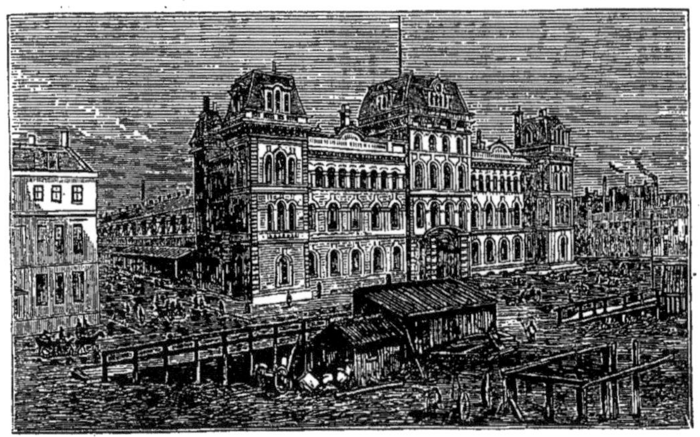

Entrepôt du chemin de fer sud-Michigan. (Chicago.)

chigan. Ce lac a un aspect sauvage comme son nom : c'est du moins ce que j'ai trouvé en me promenant aux portes de la ville, sur une plage sablonneuse et triste. Je ne voyais qu'une plaine d'eau verte tourmentée par un vent dur et froid; je n'entendais que le hoquet haletant d'une machine à vapeur, et le grincement intermittent d'une scie mêlé au bruit des vagues. Devant moi s'avançait dans le lac une longue jetée en bois; les planches et les solives sont à demi brisées; il en reste juste ce qui est nécessaire, rien de plus. La ville se trouve là comme un bateau échoué sur une grève. Tout près est le faubourg habité par les citoyens aisés de Chicago. Ici sont de belles allées et des maisons de bois aux blanches colonnes, aux élégants portiques, entourées de jardins remplis de fleurs. Une de ces maisons est au centre d'un véritable parc. Je vois de belles serres. Suis-je encore près du lac Michigan?

Une autre maison est celle de M. Ogden, à qui je suis recommandé. Personne ne peut mieux me renseigner sur Chicago que M. Ogden; personne ne connaît mieux cette ville; il l'a vue naître et a aidé à la faire. M. Ogden est venu jeune dans ce pays, où il avait une propriété. Il a été chargé de vendre les terres de l'État; il en a acheté lui-même. Il a donc assisté, pour ainsi dire, au développement de Chicago; il y a pris une part active. Comme nous nous promenions dans son jardin, il m'a montré un arbre, reste de la forêt primitive, et il m'a dit: « Il y a quinze ans, je suis venu ici ; j'ai attaché mon cheval à cet arbre, qui était au cœur de la forêt. » Ce lieu ressemble maintenant à la forêt primitive comme le jardin du plus gracieux cottage aux environs de Londres ou sur les hauteurs de Passy[1].

Chicago, vue prise du dôme de l'Hôtel de ville.

M. Ogden m'a présenté à une dame française de Chicago, parfaitement Française de langage et de ma-

1. J'ai eu le plaisir de retrouver M. Ogden à Rome. « Quelle était la population de Chicago, m'a-t-il demandé, quand vous y êtes venu, il y a trois ans? — 34,000 âmes. — Chicago en compte maintenant 65,000. Combien y avait-il de chemins de fer? — Un seul. — Il y en a onze. »

nières, et dont le père était un chef indien. « On n'est point humilié de cette origine, m'a-t-il dit, le préjugé de couleur n'existe point pour la race indienne : c'est une noble race. » En effet, si les mœurs des anciens maîtres du sol étaient barbares, leurs sentiments étaient souvent héroïques. Ils avaient dans leurs manières le calme et la *self possession* qui partout donnent la distinction. Leur langage était poétique, leurs discours parfois d'une véritable éloquence; ils avaient même de l'esprit et savaient employer une certaine ironie calme qui souvent embarrassait et déconcertait leur interlocuteur. On m'en a cité deux exemples. Un chef, ayant reçu la visite d'un envoyé des États-Unis, le fit asseoir auprès de lui sur un tronc d'arbre. Tandis que l'envoyé parlait, l'Indien le poussait doucement vers l'extrémité du tronc qui leur servait de siége à tous deux. Enfin le blanc se récria : « Vous me poussez toujours, je n'ai plus de place pour m'asseoir. — Voilà, mon père, reprit le sauvage, comme vous faites pour les Indiens. » Un autre répondait à des missionnaires qui lui parlaient de la passion de J.-C. : « Frères, vous nous dites que les hommes blancs ont fait mourir le fils du Grand-Esprit. Nous ne sommes pour rien dans ce crime, il ne regarde que vous, c'est à vous à en faire pénitence. Si le fils du Grand-Esprit était venu parmi nous, loin de le tuer, nous l'eussions bien traité. »

Palais de Justice. (Chicago.)

Le célèbre Red-Jacket, l'un des derniers parmi les aborigènes qui ait cherché à lutter contre l'envahissement de la race blanche, défendait il y a une vingtaine d'années, devant le jury, un de ses compatriotes accusé de meurtre et qui fut acquitté. Après le jugement, Red-Jacket s'approcha de l'attorney qui avait soutenu l'accusation et lui dit : « Sans doute mon frère avait fait un grand mal à quelqu'un de tes parents. » L'attorney l'assura qu'il n'en était rien, et tenta de lui expliquer quelle était la nature de ses fonctions. Le chef écouta en silence, puis il reprit : « Reçois-tu de l'argent pour remplir ces fonctions dont tu parles ? » Il fallut en convenir. « Eh quoi ! dit alors l'Indien jouant la surprise et avec une extrême indignation, ainsi tu as vendu le sang de mon frère ! » Le magistrat qui me racontait cette scène avouait que dans le moment il n'avait trouvé rien à répondre.

Malgré ce qu'on me dit à l'avantage des Indiens, je m'aperçois que leurs vestiges ont été bien vite effacés. Là où est aujourd'hui la promenade publique, on ne voyait, il y a quinze ans, que leurs wigwams et leurs tombeaux. Que sont devenus ces tombeaux ? ai-je demandé. *Washed away*, balayés par les eaux, m'a-t-on répondu. N'a-t-on pas aidé aux eaux ? Cependant le culte des tombeaux est un des traits les plus touchants et les plus respectables du caractère indien. On m'a raconté que des sauvages étaient venus il n'y a pas longtemps, et venus de très-loin, dans un canton de la

Nouvelle-Angleterre, d'où ils avaient été chassés depuis plusieurs générations, pour visiter les tombeaux de leur tribu. Quand ils virent qu'on avait détruit ces sépultures, leur surprise et leur désespoir furent au comble :

Travaux hydrauliques. (Chicago.)

rien ne pouvait apaiser leur douleur ni calmer leur indignation.

C'est là ce qui perd dans l'esprit des Indiens les hommes civilisés, qu'ils ont trop souvent sujet de mépriser. Des bandits, l'écume de la population, s'établissent sur la frontière pour tromper les malheureux sauvages. Un de ces hommes disait naïvement : « Je suis venu de cent lieues pour voler des Indiens. » Aussi l'oncle de la dame que j'ai vue ce matin, auquel elle offrait de se charger de l'éducation de ses enfants, lui répondit : « J'aimerais mieux leur couper la gorge que d'en faire des coquins pareils à ceux qui nous reprennent ce qu'ils nous ont donné. »

CHAPITRE XIV

Des sectes aux États-Unis. — Instruction publique. — Machine à scier le blé. — Un chemin de fer au désert.

Il y a trente-six églises à Chicago. Elles appartiennent à diverses communions chrétiennes. J'entends dire, et ce n'est pas la première fois : Nous aimons la diversité des sectes ; nous y voyons une garantie contre la prépondérance de l'une d'elles. C'est bien là l'esprit démocratique, qui prend ombrage de tout ce qui, dans la société, pourrait exercer sous un nom ou sous un autre trop d'influence et trop d'empire ; mais est-ce autant l'esprit religieux, cet esprit qui paraît du reste être si puissant en Amérique ? Les sentiments des Américains en matière de religion sont pour moi, à quelques égards, une énigme que je ne comprends pas bien encore. Si l'on admet réellement une profession de foi quelconque, il est impossible qu'on juge également en possession de la vérité des sectes divisées sur des points très-importants et qui souvent s'anathématisent les unes les autres. Peut-être aux États-Unis le grand nombre est-il plus convaincu de l'excellence et de l'utilité morale de la religion que de la vérité de tel ou tel dogme. Hommes d'action plutôt que de réflexion et très-pressés, peut-être leur volonté adhère fortement à des croyances qu'ils n'ont ni le goût ni le temps d'approfondir. Je connais à Paris beaucoup de ces Américains-là.

En suivant avec M. Ogden une belle promenade qui s'étend le long des rives du lac, j'aperçois une jolie petite maison de bois : c'est celle de l'évêque catholique, qui est fort considéré. Je demande s'il y a beaucoup de protestants qui embrassent le catholicisme ; on me répond, comme on l'a déjà fait plusieurs fois, que ce sont des cas rares et exceptionnels. La population catholique augmente considérablement par l'émigration, qui est en grande partie catholique, se composant surtout d'Irlandais et d'Allemands venus principalement des parties de l'Allemagne où règne le catholicisme ; mais on ne cite guère d'autres conversions que celles de quelques personnes qui ont voyagé en Europe ou d'enfants qu'on a envoyés à des écoles catholiques. En revanche, on me dit que les petits Irlandais qui suivent les écoles de la ville deviennent souvent protestants. Le catholicisme n'est aux États-Unis l'objet d'aucun préjugé malveillant; mais je ne crois pas que la majorité soit disposée à l'embrasser.

Il y a ici un grand nombre de baptistes. Comme les anabaptistes de sanglante mémoire, auxquels, du reste, ils sont loin de ressembler, ils n'admettent que le baptême par immersion ; leur croyance se fonde sur un passage des épîtres de saint Paul, où il est dit que celui qui est baptisé est comme plongé dans le tombeau pour ressusciter ensuite à une vie nouvelle. Prenant ces passages à la lettre, les baptistes veulent que l'on soit plongé et comme enseveli sous les eaux. Pour cela l'immersion complète est nécessaire ; aussi voit-on souvent l'hiver, à Chicago, les ministres baptistes casser la glace du lac et entrer dans l'eau jusqu'à la ceinture pour immerger les néophytes adultes qu'ils tiennent dans leurs bras. Outre ce dogme particulier, la tendance générale des baptistes comme des méthodistes, et encore plus peut-être, est de s'occuper des classes populaires, trop négligées par les épiscopaux, les presbytériens, les congrégationalistes, les unitariens, dans les églises desquels il n'y a pas de place pour les pauvres, ou bien seulement une place humiliante. Les méthodistes et les baptistes ouvrent leurs chapelles à ces bannis; aussi leur langage est-il empreint d'une violente amertume contre les églises qui sont la propriété exclusive des riches. Voici ce que je lis dans un sermon baptiste prononcé récemment: « Les diacres peuvent croiser les bras, assis sur leurs siéges rembourrés, et fixer les yeux sur la chaire qui est devant eux; mais ils ne voient pas la multitude entassée sous le vestibule : ils n'en ont souci. Ils ont une bonne congrégation, une bonne église, un bon ministre : tout sent sa capitale, depuis le ministre empesé, jusqu'au bas de l'échelle; mais bientôt tout cela sera flétri et desséché, et vous entendrez le vent siffler à travers ces squelettes; car, dès que l'église dédaigne les hommes de basse condition, elle se dessèche immédiatement. » Ce langage violent peut paraître exagéré; mais il faut bien croire ce qu'écrivait en 1838 M. Tuckerman sur l'état des églises de Boston. Cet homme respectable, frappé du grand nombre d'habitants qui n'étaient attachés, en raison de leur pauvreté, à aucune église, à aucune congrégation religieuse, après de consciencieuses recherches, était arrivé à ce résultat que sur douze mille familles il y en avait cinq mille six cent vingt-deux, à peu près la moitié, qui étaient dans ce cas. Il disait très-bien : « Une église est une propriété en commandite (*join-stock property*). Elle appartient à une corporation ; elle est divisée en actions (*shares*) appelées bancs (*pews*), et ces bancs sont possédés comme une propriété foncière. Les relations du ministre avec la société religieuse dont il fait partie sont presque entièrement limitées à ceux qui payent ses services. » Il n'y a donc de bancs que pour les sociétaires qui sont propriétaires de l'église et payent le ministre. Il paraît cependant que les bancs qu'on ne trouve pas à louer sont mis à la disposition des pauvres. « Mais, dit M. Tuckerman, ces places humiliantes où l'on est admis à titre de pauvre, si elles sont acceptées en Angleterre, ne le sont pas en Amérique ; personne ne veut s'y asseoir. » Et l'auteur fait ressortir tout ce qu'il y a de contradictoire entre l'importance que le plus pauvre citoyen a dans un pays démocratique, où, par l'élection, il concourt au gouvernement, et l'insulte qu'on lui fait subir en l'excluant de l'église, ou en lui imposant cette révoltante inégalité devant Dieu[1].

Ce qu'il y a de sûr, c'est que bien d'autres plaintes se sont fait entendre après celles de M. Tuckerman sur l'insuffisance des établissements religieux en Amérique, malgré le zèle des particuliers et l'activité infatigable des méthodistes, dont les prêtres ambulants, véritables missionnaires, distribuent des livres et des journaux religieux en abondance. Cette distribution se fait par des ventes dont les bénéfices sont employés à la propagation des écrits que répand la société. On voit que c'est l'application, application au reste très-désintéressée, de l'esprit commercial à la pré-

1. Joseph Tuckerman, *the Religion's principle and regulation of the ministry; at large.* L'auteur de cet écrit avait entrepris de fonder des chapelles pour ceux à qui leurs moyens pécuniaires ne permettaient pas de faire partie des associations religieuses existantes. Il avait établi un corps de ministres allant visiter les pauvres chez eux pour leur porter la prédication et la prière. Noble entreprise de secours religieux à domicile! Je ne sais où elle en est maintenant.

Une assemblée de nègres méthodistes.

dication de l'Évangile. Dans l'année qui vient de s'écouler, la société méthodiste a vendu pour deux millions de livres pieux.

Malgré les efforts ardents du zèle religieux, il ne saurait suffire complétement à l'accroissement prodigieusement rapide de la population. Un rapport de la société de Massachusetts pour l'avancement de l'instruction chrétienne s'exprimait en ces termes : « Dans les comtés de Rockingham et de Strafford, il y a quarante-cinq districts, contenant 40,000 habitants, qui ont été privés des *moyens de grâce*, les uns pendant dix, les autres pendant vingt, quelques-uns même pendant trente et quarante ans, et dans un district qui renferme 1,063 âmes, après qu'un ministre y a eu résidé vingt ans, l'église visible du Christ a été éteinte durant plusieurs années. » Des rapports faits pour diverses sociétés religieuses, en 1833 et 1835, établissent qu'à cette époque plus de mille districts et villages n'avaient pas de culte, que cinq millions n'avaient pas les *moyens de grâce*. Le rapport de la société des missionnaires baptistes en 1833 contient ces paroles : « Même si tous ceux qui font profession d'être des instituteurs chrétiens étaient doués des qualités nécessaires, il y aurait encore un déficit de 4,060 ministres pour satisfaire aux besoins du pays; mais on doit faire une réduction considérable pour ceux qui propagent l'erreur, pour ceux qui ne connaissent pas la doctrine chrétienne, de manière à l'enseigner convenablement; enfin pour ceux qui sont fortement engagés dans les occupations du siècle, au point de ne pouvoir consacrer leur temps à se préparer de manière à être vraiment utiles dans leur ministère. Ces faits montrent une grande et alarmante défaillance dans l'instruction chrétienne. »

Le zèle de toutes les communions, particulièrement des baptistes et des méthodistes, lutte avec ardeur contre cette insuffisance des secours religieux. Il est question en ce moment d'instituer à New-York des prédications en plein air, comme celles de Londres et d'Édimbourg, parce que l'on a reconnu qu'il n'y avait de place dans toutes les églises de New-York que pour une moitié de la population. Il en résulte que l'autre moitié n'assiste pas au service divin.

Revenons à Chicago. Après les églises, la première chose à laquelle on songe en bâtissant une ville, ce sont les écoles. Il y a six écoles publiques à Chicago, dans lesquelles on instruit trois mille enfants. Les écoles ont le trente-sixième des terres à vendre dont l'État dispose, et le produit d'une taxe locale, qui monte ici à 30,000 fr. Les maîtres reçoivent à peu près 1,200 fr., ce qu'on trouve insuffisant. Ils sont aidés par des assistantes, qui font épeler les petits garçons et les petites filles. Aux États-Unis, on emploie beaucoup de femmes dans l'instruction primaire des deux sexes, et on s'en trouve très-bien. Elles ont la patience et la douceur nécessaires à ce pénible enseignement. Trop d'autres carrières sont ouvertes à l'activité des hommes pour qu'ils se contentent longtemps d'apprendre à lire à des enfants. Une société s'est formée dans la Nouvelle-Angleterre pour exporter des institutrices dans l'ouest. Elles y rendent les plus grands services et contribuent efficacement à la culture morale des rudes populations qui habitent ces contrées nouvelles. En même temps, ces personnes trouvent souvent à se marier avantageusement avec des colons qui ont commencé à s'enrichir. Ainsi cette institution profite à tout le monde, aux enfants, aux colons et aux institutrices.

Il y a deux mois, j'étais en Angleterre. Une solennité agricole m'avait appelé à une vingtaine de lieues de Londres. J'allais voir fonctionner une machine à moissonner. Un assez grand nombre de *country gentlemen* et de *farmers* s'étaient rassemblés dans le même but. Une scie horizontale mise en mouvement par le mouvement de la machine coupait avec une grande rapidité une quantité considérable de tiges de blé à la fois. Cette machine, traînée par un cheval, tournait autour de la pièce en abattant à chaque tour une bande d'épis large de plusieurs pieds. Un paysan placé sur la machine rejetait les épis coupés à mesure que l'action de la scie les y amoncelait. C'était la seule intervention de l'homme dans l'opération. Il me semble qu'il ne serait pas impossible de faire rejeter les javelles par la machine elle-même [1]. Telle qu'elle est, elle eut le plus grand succès aux yeux des connaisseurs présents à l'expérience. Ce qui me rappelle aujourd'hui cette machine, c'est qu'on lisait sur un de ses côtés : Chicago. C'est en effet un habitant de cette ville, M. Mac-Cormick,

1. J'ai lu dans un journal anglais que ce perfectionnement que je prévoyais alors a été réalisé.

qui en est l'inventeur. C'est des bords du lac Michigan, du voisinage de la prairie, de cette cité née d'hier, que provient une découverte qui excite l'intérêt des agronomes de l'Angleterre, et qui, dans plusieurs joutes aratoires, l'a emporté sur les machines rivales. Si la machine à moissonner de M. Mac-Cormick a eu du succès en Angleterre, où l'on aime en agriculture comme en toute chose le fini et la perfection, où la terre est chère, la culture très-soignée, on peut penser qu'elle doit réussir encore bien mieux en Amérique, où la terre est presque pour rien, où il s'agit, non de très-bien faire, mais de faire vite et beaucoup, où il importe peu qu'on laisse quelques épis, si l'on a rapidement dépouillé de sa moisson une plaine immense. Adieu donc les moissonneurs de Théocrite et de Virgile, et le patriarche Booz ordonnant à ses serviteurs de laisser des épis dans le sillon pour que Ruth puisse glaner après eux ! Encore un grief de la poésie contre les machines qui lui ont fait tant de tort, mais que ces plaintes n'arrêteront pas, et qui elles-mêmes ont leur poésie, au moins leur grandeur, puisqu'elles représentent la puissance et le triomphe de l'homme sur la nature.

Dans ce pays lointain où l'on fait des machines que l'Europe admire, on ne sait pas faire des vaudevilles, car on joue ce soir un vaudeville de M. Scribe, dont l'esprit est si français et dont les succès sont cosmopolites ; on joue aussi la *Bohémienne*. Cette bohémienne est la *Esméralda* de M. Victor Hugo : les personnages de *Notre-Dame de Paris* sont venus jusqu'ici. Je ne suis pas allé au théâtre, parce que j'ai été conduit dans un concert par souscription, où j'ai entendu une bonne pianiste et un assez bon violon. Celui-ci est, m'a-t-on dit, un négociant ruiné. L'orchestre était composé d'amateurs allemands ; puis l'on a dansé et valsé à peu près comme à Paris ; seulement, autour de moi, on ne connaissait pas beaucoup de cette population nouvelle, qui demain sera peut-être ailleurs. L'Américain ne s'attache pas volontiers au sol, et cependant il a très-énergiquement le sentiment national. La patrie, c'est pour lui d'abord l'Union tout entière, et ensuite le point du pays où il se trouve, mais seulement tant qu'il y reste ; car il connaît le patriotisme de clocher, seulement il change volontiers de clocher.

Avant de quitter Chicago, j'ai voulu au moins entrevoir la prairie. Pour cela, j'ai pris un chemin de fer qui la parcourt jusqu'à une certaine distance. Je suis descendu à une station en plein désert. Il n'y a pas de bureau, comme on peut croire ; il n'y a pas de maison, il n'y a pas d'arbres. Là-bas, j'aperçois une petite case rouge : elle m'apparaît comme la dernière habitation ; au delà il n'y a plus que les plaines sans fin. Pas un bruit, pas un mouvement ; le ciel semble, comme sur l'Océan, plonger derrière l'horizon. C'est de ces plaines que M. Bryant, poëte américain, a dit : « Elles s'étendent si loin, que c'est une hardiesse au regard de plonger dans leur étendue. » Je me rappelle les beaux vers dans lesquels il a chanté l'intérieur de ces immenses steppes dont je foule les bords, mais où du moins je peux m'écrier comme lui : Je suis dans le désert seul !

And I am in the wilderness alone.

Après avoir passé deux heures au sein de cet espace vide et sans limite, j'entends le bruit lointain du train, je vois la fumée s'élever et courir à travers la solitude ; je remarque alors le fil du télégraphe électrique qui la traverse ; je ne comprends plus que j'aie pu me sentir si éloigné, si seul, et je reviens à Chicago, où j'arrive à temps pour passer une très-agréable soirée à entendre de la musique et à prendre des glaces dans la jolie habitation de M. Ogden.

CHAPITRE XV

Absence de renseignements et sans gêne américain. — Cincinnati. Démocraties nouvelles dans l'ouest.

Ce voyage sans repos qui dure depuis près de deux mois commence à me fatiguer. Ma santé s'altère, sans cela j'aurais gagné Saint-Louis en suivant, à travers la *prairie*, le canal et la rivière des Illinois ; mais je crois plus sage de songer à regagner New-York, dont je suis encore assez éloigné. Je ne conseille à personne de tomber malade aux États-Unis, surtout loin des grandes villes : tout le monde est si affairé, si pressé, que nul n'aurait le temps de s'occuper de vous. Cependant je ne veux pas être venu dans l'ouest sans voir Cincinnati, les bords de l'Ohio, et quelque chose au moins des antiquités indiennes qu'on a découvertes dans la vallée que traverse la *Belle-Rivière*[1]. Je vais donc retourner à Détroit, et, coupant l'extrémité du lac Érié, aller à Sandusky prendre le chemin de fer de Cincinnati, puis, de Cincinnati, retourner à New-York, après avoir visité les antiquités indiennes de la vallée de l'Ohio.

18 septembre.

Je reprends le bateau à vapeur, je traverse le nouveau lac Michigan, et j'arrive à New-Buffalo trop tard pour pouvoir partir ce soir même par le chemin de fer de Détroit. Nos bagages sont délivrés immédiatement au bureau, et demain, à six heures du matin, nous nous mettrons en route avec eux pour Détroit.

Il n'y a pas moyen d'avoir un lit ou même un matelas pour cette nuit. On nous entasse dans une immense salle à manger, nous et les passagers d'un autre bateau à vapeur qui part demain matin dans la direction de l'ouest. Ces passagers sont surtout des émigrants, compagnons de chambrée assez bruyants et assez peu policés. Pour moi, je place, pour me servir d'oreiller,

1. Les Français lui avaient donné ce nom, qui est la traduction du mot indien *ohio*.

un petit sac de cuir, où sont mes notes et mes livres, sur une table au-dessous d'une lampe suspendue au plan-

Chemin de fer sur le lac Michigan.

cher ; je tire du sac un roman anglais, je me mets à lire, couché sur ce lit un peu dur, jusqu'à ce que les hommes aient cessé de parler, les femmes de gronder leurs enfants, les enfants de crier, et alors je tâche de dormir. Je suis réveillé un peu incivilement par le garçon de la táverne, qui me jette une serviette dans le ventre en me criant : Allons, camarade, éveillez-vous! Il est vrai qu'il avait à servir le café sur cette table où j'étais établi, et que tout le monde était debout depuis longtemps.

En grondant un peu contre la rudesse des subalternes aux États-Unis, je me mets en marche vers la station du chemin de fer, où nos effets ont été déposés la veille au soir. Dans le trajet, l'incurie américaine pense m'être fatale : une caisse lancée sur un plan incliné, sans dire *gare,* selon l'usage, vient passer à deux pouces de mes jambes, qu'elle aurait brisées si elle m'eût atteint. C'était le jour des mésaventures : je ne trouve à la gare ni locomotive ni aucune apparence de départ. Je demande si le train va bientôt partir, on me répond qu'il partira dans vingt minutes, sans autres explications. Les Américains ont horreur des explications.

Le temps s'écoule, et *je ne vois rien venir.* Enfin j'avise quelques voyageurs qui marchent d'un pas précipité. Je les interroge, et j'apprends que les trains vont partir, non pas de l'endroit où ils s'étaient arrêtés il y a quatre

Bords du lac Michigan.

jours en venant de Détroit, mais d'un autre point situé à un quart de lieue. On avait reçu nos bagages sans avoir l'idée de nous avertir de cette disposition, grâce à laquelle il s'en est fallu d'une minute que je n'aie manqué le convoi qui aurait emporté mes malles au bord du lac Érié. Je raconte ces petits incidents, qui doivent intéresser médiocrement le lecteur, et je raconterai toutes les contrariétés de ce genre qui me surviendront, parce qu'elles peignent le caractère national, qui se retrouve dans les plus petites choses comme dans les plus grandes. Le principe de la politique et de la société aux États-Unis, c'est que chacun se tire d'affaire comme il l'entend. On lui laisse entière liberté d'action en ce qui ne choque pas les opinions ou les passions de la majorité; mais cette liberté d'action de l'individu lui est accordée à ses risques et périls. On ne le dirige point, on ne l'avertit point. C'est à lui de s'informer d'où part le chemin de fer; c'est à lui de prendre garde si on ne lui lance point une caisse à travers les jambes. Tout se résout dans le mot sacramentel : Aidez-vous vous-même (*help yourself*), qu'on traduit quelquefois ainsi : Dieu pour tous, en avant, et que le diable emporte le dernier!

Si ces pages tombaient sous les yeux des Américains, je ne serais pas fâché de leur faire un peu honte de leur incurie en tout ce qui se rapporte au *comfort* des voyageurs. Je n'ai trouvé, au moins parmi les gens à qui j'ai eu affaire, nulle trace de cette grossièreté de mœurs qu'on leur a tant reprochée : je ne l'ai rencontrée que chez les inférieurs ; mais ce que j'ai trouvé partout, c'est une absence d'indications, d'avertissements, de direction pour les voyageurs, qui est extrêmement incommode. Je voudrais inspirer aux Américains le désir de réformer cet abus du *self-government*, qui n'en est point une conséquence nécessaire. Je ne les crois point incorrigibles ; ils ont profité des diatribes les plus violentes et souvent les plus injustes. Madame Trollope, à qui, dit-on, une situation qui n'était point égale à son esprit et à son caractère n'aurait pas ouvert précisément les meilleures maisons, a fait sur l'Amérique un livre outrageant, qui a charmé en Europe les vanités aristocratiques au service desquelles elle se trouvait assez singulièrement enrôlée[1]. Eh bien ! les

1. Je serais désolé de manquer de respect à madame Trollope, qui est une dame très-respectable ; mais il est certain qu'elle était venue à Cincinnati établir un bazar de modes qui ne réussit point, et qu'elle ne vit presque personne. C'est ce que dit tout le monde en Amérique, et ce que confirme le capitaine Marryat lui-même, très-peu favorable aux États-Unis.

Américains ont eu le bon esprit de tirer parti de ces injures auxquelles se mêlaient quelques vérités. Quand un homme, au théâtre, plaçait ses pieds à la hauteur de sa tête, on lui criait en riant : Trollope! Trollope! et cette mode peu aimable a passé. Je suis convaincu que les manières américaines se sont beaucoup améliorées depuis quelques années, car tout ne pouvait pas être faux dans ces tableaux grotesques, dont je n'ai retrouvé presque aucun trait au sein des mœurs actuelles; mais il reste à prendre quelques mesures de prévenance et de soin pour les voyageurs, mesures qu'ils ont le droit d'attendre de toutes les nations civilisées, et qu'ils ne rencontrent presque jamais aux États-Unis.

Ma santé, qui ne se remet point, augmente peut-être ma disposition chagrine. J'ai passé tout ce jour en chemin de fer sans manger, car je me rappelais trop l'exécrable chère que j'avais faite dans les stations où l'on s'arrête pour les repas. Il est vrai que l'on traverse des forêts à peine défrichées; mais, puisqu'il y a un chemin de fer, il semble qu'il pourrait y avoir de quoi dîner.

A Détroit, je n'ai que le temps de monter sur

l'*Arrow* (la flèche), bateau à vapeur dont le nom pourrait être la devise d'un voyageur aux États-Unis. Avec le jour, je débarque à Sandusky, et prends presque aussitôt le chemin de fer de Cincinnati, où j'arrive à la nuit. J'ai fait à peu près deux cents lieues depuis hier matin, et ne m'en trouve pas mieux.

Cincinnati, 20 septembre.

Je me lève tard, un peu faible et triste, et je marche au hasard dans les rues droites et spacieuses de la *reine de l'Ouest.* Le temps est assez froid, le vent aigre, le ciel gris; ma première impression n'est pas gracieuse. Je descends au bord de l'Ohio. Les eaux de la *Belle-Rivière* sont basses; sur ses deux bords s'étendent de grands espaces ordinairement recouverts par elle, et qui ont cet air de marais à demi desséchés que présente le rivage de la mer pendant le reflux. Pas de quai au bord du fleuve, trop peu de ponts. Les ponts ici sont les nombreux bateaux à vapeur qui passent sans cesse d'un bord à l'autre, rompant le silence du dimanche par leur essoufflement. Je remonte dans la ville. Les rues portent des noms d'arbres : le nom du châtaignier, du noyer, du pin, ce qui semble un souvenir des forêts qu'elles ont remplacées. Plusieurs sont belles et plantées. L'horreur de l'inutile et par suite l'amour de l'abréviation ont fait retrancher le mot *street* (rue) sur les écriteaux. Les trottoirs, en larges dalles, s'interrompent parfois brusquement; on sent une capitale fabriquée à la hâte et qui n'est pas finie. Je descends derrière la ville, je trouve des faubourgs en construction, et par delà les faubourgs des hauteurs dépouillées, où restent quelques troncs à demi brûlés, comme dans les défrichements, et quelques arbres que la hache a respectés; lieux d'un aspect triste et pénible à voir : ce n'est plus la campagne, mais ce sera bientôt la ville. Cincinnati, cité de 116,000 âmes, compte environ une demi-année pour chaque millier d'habitants, et renferme, dit-on, un citoyen plus vieux qu'elle. Elle augmente toujours avec une grande rapidité, car elle a plus que doublé depuis dix ans. Communiquant par les chemins de fer avec les lacs, par l'Ohio avec le Mississipi, elle est le point central du commerce intérieur des États-Unis.

On appelle Cincinnati la reine de l'Ouest; elle est la capitale de ce qui était, il y a vingt ans, le *farwest*.

Maintenant l'*Ouest lointain* a reculé à mesure que la civilisation avançait. Tandis que je suis dans l'Ohio, l'un des derniers venus d'entre les États de l'Union et au-

Convoi de chemin de fer traversant une prairie de l'Ouest.

jourd'hui un des plus florissants, c'est peut-être le moment de dire quelque chose touchant la manière dont se forment les États nouveaux et ce qui caractérise la constitution politique de ceux qui ont été le plus récemment admis dans l'Union. J'emprunte ces détails surtout à l'ouvrage intéressant de M. James Hall, intitulé *Esquisses de l'Ouest*.

Avant d'être élevés au rang d'État, les pays nouvellement cultivés, et dont la population est encore insuffisante pour qu'ils soient représentés dans le congrès, sont désignés par le nom de *territoires* et régis pendant cet intervalle par des dispositions particulières habilement combinées. C'est comme une initiation graduelle qu'on leur fait subir avant de les admettre à l'égalité de la représentation. Dès qu'ils sont reconnus, les territoires sont régis par un gouverneur, un sénat et une cour composée de trois juges. Le gouverneur et la majorité des juges adoptent et promulguent celles des lois des autres États qui conviennent à l'État nouveau, et en réfèrent au congrès, qui peut annuler leur décision. Le gouverneur nomme des employés civils et tous les officiers inférieurs ; les officiers généraux sont nommés par le congrès.

A ce premier degré d'existence ou plutôt d'enfance politique un second succède lorsque le territoire en est venu à contenir cinq mille mâles libres et majeurs. Alors une chambre représentative est accordée au territoire. Il y a un représentant pour cinq cents citoyens jusqu'à la concurrence de vingt-cinq ; au delà, le nombre des représentants est réglé par la législature, qui se compose du gouverneur, de son conseil et de la chambre des représentants. Le conseil est formé par cinq membres nommés pour cinq ans, à moins que le congrès ne borne à un temps moins long la durée de leur mandat. Ce conseil est nommé par le congrès sur une présentation faite par les représentants du territoire. Les candidats doivent posséder une propriété de cinq cents acres. Tous les bills passés dans la chambre des représentants ou dans le conseil ont besoin de l'assentiment du gouverneur, qui réunit, proroge et dissout l'assemblée. Les représentants et les membres du conseil nomment de concert un délégué au congrès qui a le droit de prendre part au débat, mais non de voter.

Toutes ces mesures me paraissent porter l'empreinte d'une grande sagesse. L'administration des territoires est fondée sur des principes entièrement différents de ceux qui président au gouvernement des États. Intervention du congrès, droit du gouverneur de proroger et de dissoudre l'assemblée représentative, conditions d'élection qui ont pour base la propriété, tout cela est opposé à l'esprit général des institutions américaines ; mais le bon sens américain a compris qu'on ne devait pas appliquer la même forme de gouvernement aux États anciens, dont l'éducation politique avait été faite par cent cinquante ans de lutte avec la métropole, et qui avaient une vieille habitude de se gouverner eux-mêmes, et aux États nouveaux, sans éducation politique, sans passé, et qui se formaient d'éléments hétérogènes de toute nuance et de toute origine. A ceux-là il fallait une tutelle provisoire qui les préparât graduellement au rôle d'État indépendant et à une complète égalité de prérogatives.

Du reste, la population des *territoires* de l'Ouest s'est si rapidement accrue, qu'ils ont bientôt atteint le chiffre qui les élevait au rang d'État. A ce moment tout a changé. Maîtres d'eux-mêmes, ils se sont donné des constitutions de leur choix, et ces constitutions sont en général très-démocratiques. On ne saurait se dissimuler que le mouvement politique est partout en ce sens. Dans les constitutions de l'Ohio, de l'Indiana, de l'Illinois, le principe démocratique prévaut beaucoup plus que dans les constitutions des États anciens. La prépondérance de ce principe se manifeste par le peu de durée des fonctions pu-

Habitation du gouverneur.

bliques ; — dans l'Indiana, celles des représentants ne durent qu'une année ; — par la défiance dont la force armée est l'objet : — dans le même État, les militaires, et même leurs parents, ne peuvent voter ; — par la facilité à reviser la constitution : — tous les douze ans on délibère s'il y a lieu de nommer une convention dans ce but ; — par l'incompatibilité entre les fonctions de représentant et un emploi conféré, soit par l'État particulier, soit par le gouvernement central. Dans ces nouveaux États, le divorce est, en général, très-facile. Dans l'Illinois, il est accordé par le juge sur le témoignage du demandeur, sans en donner connaissance à l'autre intéressé. L'ivrognerie, une absence de deux ans, sont considérées comme des motifs suffisants pour prononcer la dissolution du mariage. Les lois contre les débiteurs sont très-douces, comme il arrive partout où prévalent les influences démocratiques. L'inquiétude ombrageuse des démocraties est poussée si loin dans ces États nouveaux, qu'elle s'attaque même aux associations volontaires. On y a empêché, par exemple, des banques de s'établir, comme si l'on craignait l'oppression de l'intérêt individuel par la ligue des capitaux. De même on y a souvent refusé d'autoriser des associations formées dans un but religieux ou dans le dessein d'établir des écoles ; on leur a dénié le droit de posséder quelques acres de terrain pour y bâtir une église ou y placer un

Paysage des bords de l'Ohio.

cimetière, toujours par la crainte immodérée de fonder quelque chose de plus puissant que l'individu, par l'effroi de la seule aristocratie qui puisse naître dans un pays d'égalité et de liberté, cette aristocratie collective que constitue légitimement l'association. Arrivé à cet excès, le fanatisme démocratique combat ce que le véritable esprit démocratique favorise, la puissance de l'association libre. Par un effroi déraisonnable d'une tyrannie chimérique, on en est venu à priver l'individu qu'on croit protéger contre elle de son droit d'agir. Il faut que les Américains se défendent de cette tendance extrême, trop marquée dans les nouveaux États, et qui est contraire à ce qui fait surtout la force et la grandeur de leur pays, l'accord volontaire des efforts particuliers pour un but commun.

CHAPITRE XVI

Les cochons de Cincinnati. — Promenade au bord de l'Ohio. Sculpture et architecture américaines.

On sait, par les gaietés de mistress Trollope, que le commerce des porcs est considérable à Cincinnati. Dans l'état actuel des sociétés, dont le commerce détermine la prospérité et la puissance, il n'est peut-être pas intelligent de traiter légèrement l'immense développement d'une branche de négoce, quelle qu'elle soit. Eh bien, oui, on tue et on sale beaucoup de porcs à Cincinnati, et c'est en partie pour cela qu'au bout d'un demi-siècle il se trouve sur le bord de l'Ohio, au lieu des sauvages qui scalpaient les navigateurs, une ville de cent mille âmes, des églises, des écoles, des théâtres, et même un observatoire. Je ne suis pas cependant à la hauteur d'un écrivain indigène qui s'écrie : « L'étranger qui se trouve ici durant la saison où l'on encaque (*packing*), et surtout celle où on expédie cet article, perd la tête (*is bewildered*) en cherchant à se tenir au courant, par l'œil et par la mémoire, des procédés divers qu'il a successivement observés, tandis qu'il suivait les différents degrés de la préparation du porc jusqu'à l'état final dans lequel il est vendu, et en contemplant les lignes de charrettes interminables, ce semble, qui, à cette époque, occupent les principales rues, allant et retournant en files continues sur une étendue d'un mille et plus de longueur, excluant tout autre emploi de ces rues depuis l'aube jusqu'au soir. » Voilà une période digne de Cicéron, au moins pour la longueur. Cela est presque lyrique et rappelle en vérité (pardon pour le rapprochement !) les vers de Dante peignant les files innombrables de pèlerins allant et venant de Saint-Pierre au pont d'Adrien, et du pont à Saint-Pierre pendant la solennité du jubilé. L'auteur continue avec le même enthousiasme[1] : « Et l'étonnement de l'étranger n'est pas diminué quand il considère cette immense quantité de barils de porc, de caques de lard

1. *Cincinnati in the year* 1851, p. 257.

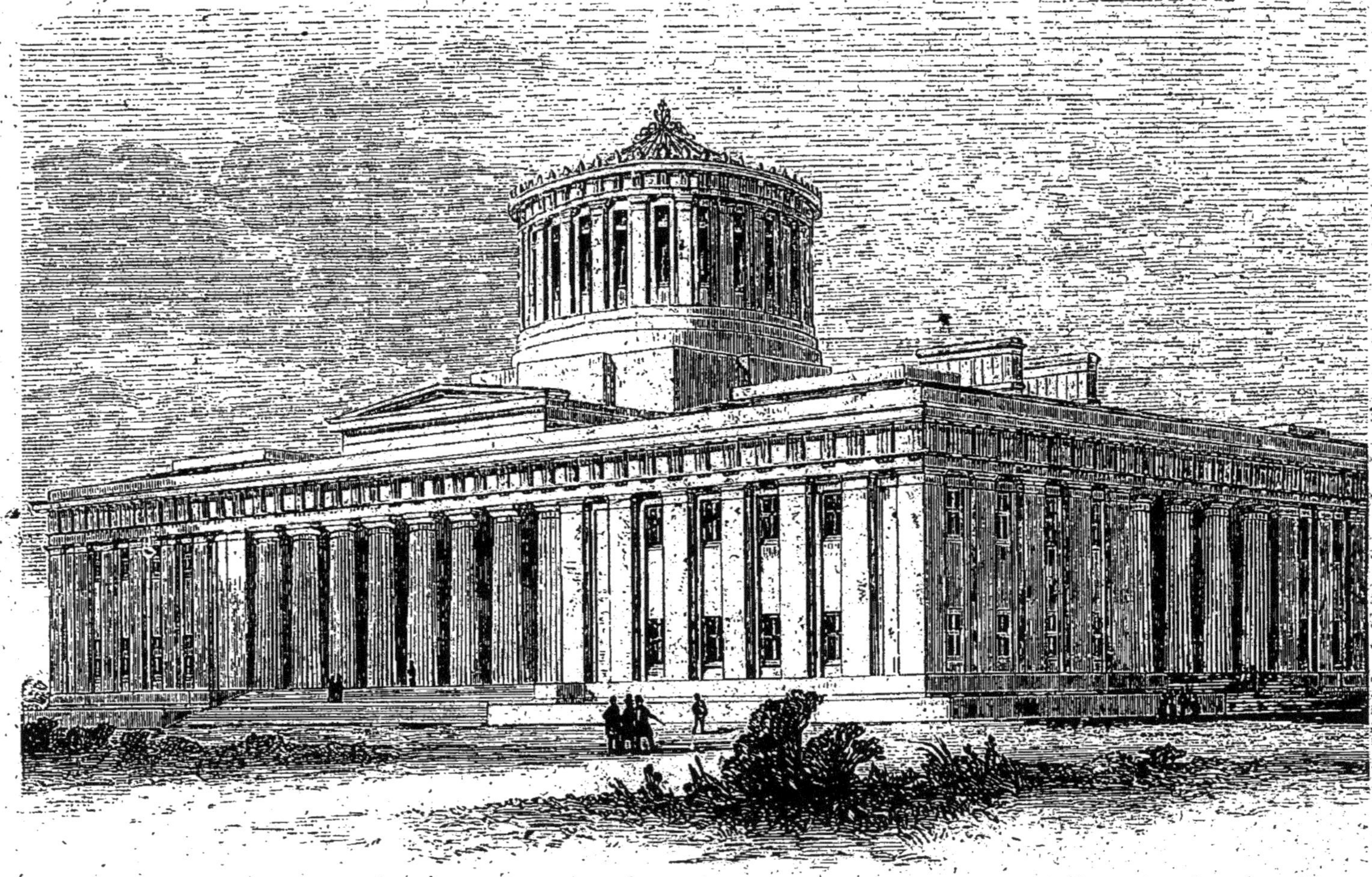

Palais du Gouvernement de l'Ohio.

pour lesquels on ne peut trouver de place sur le plancher des magasins, quelque étendus qu'ils soient, et qui, pour cette raison, sont épars sur le rivage, et encombrent tout espace demeuré libre, sur les trottoirs, dans les rues, et même dans les terrains adjacents, ordinairement vides. »

Sans être pénétré de l'admiration qui a dicté l'hymne qu'on vient de lire, il est impossible de ne pas être frappé du développement vraiment gigantesque de l'industrie porcine dans ce pays ; un seul établissement, qu'on appelle *l'établissement Mammouth*, a expédié dans une saison près de douze mille cochons. La moyenne, pour Cincinnati, est de plus de trois cent mille par an ; une année, le chiffre s'est élevé à sept cent vingt-cinq mille ; dans la vallée du Mississipi, à plusieurs millions. Les grands nombres étonnent toujours l'imagination, qu'il soit question d'années, de distances, d'individus quelconques, même quand ces individus sont des cochons.

Après le dîner, je suis sorti par un plus beau temps que celui de ce matin, mieux portant et de meilleure humeur ; j'ai suivi les rives de l'Ohio en remontant son cours, et j'ai trouvé cette fois la *Belle-Rivière* avec tout le charme de ses eaux et de ses bords. Il a fallu traverser un faubourg plein de magasins et de hangars destinés à ces opérations qu'admire tant l'écrivain cité plus haut ; puis je suis arrivé sur la rive du fleuve, et ici le ravissement a commencé. Glissant au pied de collines arrondies couvertes de beaux arbres aux teintes automnales et qu'éclairait la plus douce lumière, l'Ohio décrivait une gracieuse courbe d'azur.

Sur ma droite, à quelque distance, s'élevaient d'autres collines plus abruptes ; de leur sommet j'ai contemplé la ville baignée dans les splendeurs du couchant, s'étalant en amphithéâtre, et d'où s'élançaient de blancs clochers sveltes comme les minarets d'une ville d'Asie. Cette masse lumineuse se détachait sur un fond sombre. Un nuage pluvieux planait sur une partie de la ville éclairée par le soleil. Je suis redescendu sur la rive du fleuve : les nuages ont disparu, et je n'ai plus vu que des tons dorés étincelant sur le feuillage et diaprant le sol à mes pieds. La soirée était sereine, le paysage calme. Une barque traînée par des chevaux fuyait sans bruit sur l'onde unie et transparente, d'élégants cabriolets découverts, aux roues légères, ramenaient dans la ville des familles qui revenaient de la

Faubourg sur les bords de la *Belle-Rivière*.

campagne. Tout ce monde semblait pénétré de la satisfaction paisible que donnent une existence facile, des habitudes douces, l'aisance sans luxe, les richesses sans ostentation, l'égalité du bien-être, car tous les cabriolets, tous les chevaux, je dirai presque toutes les familles, se ressemblaient. J'aurais voulu marcher toujours devant moi sur les bords de cette charmante rivière, au pied de ces collines, à l'ombre de ces beaux arbres, parmi ces promeneurs qui me semblaient heureux. La nuit m'a forcé de regagner la ville, et en rentrant je me disais : Ce sont pourtant les cochons qui ont fait tout cela !

21 septembre.

Je suis souffrant. L'exaltation d'hier soir est un peu calmée. Je lis dans l'ouvrage que j'ai déjà cité : « Cincinnati est considérée comme la ville artistique et scientifique de notre république, comme le centre de la culture et du goût des arts, et par conséquent de la population la plus perfectionnée de notre continent. » C'est beaucoup dire, Boston et Philadelphie pourraient réclamer. Cependant il y a là, je crois, quelque chose de vrai en ce qui concerne les arts ; le paysage est particulièrement essayé dans cette ville déjà un peu méridionale, dans ce pays dont j'admirais hier la belle lumière. Le sculpteur Powers, dont la statue de l'*Esclave grecque* a été remarquée à Londres dans le Palais de Cristal, est de Cincinnati. Seulement, comme on l'a remarqué, il était singulier que le spécimen de la sculpture américaine fût une esclave. Pour les États libres, c'était un contre-sens; pour les États où subsiste l'esclavage, une épigramme trop méritée. La statue est gracieuse, malgré quelques défauts ; s'il y a un art où les Américains aient réussi, c'est la sculpture.

Outre M. Powers, M. Greenough[1], dont j'ai vu l'atelier à Florence, et M. Crawford[2], qui vit à Rome, sont des hommes de talent. Ce fait peut, je crois, s'ex-

1. M. Greenough n'existe plus.

2. J'ai eu le plaisir de connaître à Rome M. Crawford, et il est très-bon à connaître. Plein d'entrain, d'ardeur, d'une activité sans égale, faisant avec une rapidité surprenante marcher les plus grands travaux, M. Crawford est le vrai sculpteur américain. En ce moment, il exécute la plus vaste entreprise de sculpture qui ait jamais été accomplie par les hommes, une statue équestre colossale de Washington sur un monument haut de soixante pieds, à la base duquel seront placées les statues des fondateurs de la République. Ce ne sont pas les États-Unis qui ont fait à M. Crawford cette commande gigantesque, c'est l'État de Virginie, un des vingt et un États de la fédération. M. Crawford a mis beaucoup de feu et d'énergie dans son ébauche et dans ce

pliquer. La sculpture est un art en dehors des mœurs modernes; c'est presque toujours plus ou moins une imitation de l'antique. Or l'Europe n'est pas plus semblable à l'antiquité que l'Amérique. Pour toutes deux, l'idéal de la statuaire est une tradition qui peut leur être commune. L'infériorité artistique des États-Unis se fait sentir principalement dans l'architecture, où il faut créer de nouveaux types pour des besoins nouveaux. C'est là que l'invention est indispensable; mais il n'y a pas de raison pour qu'un homme né au bord de l'Ohio ne s'inspire aussi bien qu'un homme né au bord de la Seine ou du Rhin en présence des mêmes modèles. Seulement il faut pouvoir étudier ces modèles; pour y parvenir, il suffit d'un voyage en Italie, et les bateaux à vapeur sont là pour rendre ce voyage facile, même à un habitant de Cincinnati. C'est à Rome que s'est formé M. Powers; il était pauvre, et son début fut, dans sa première jeunesse, des plus bizarres et des plus incroyables. La chose vaut la peine d'être racontée.

Les Américains ont la mauvaise habitude de don-

qu'il a terminé, et déjà il songe à ce qu'il fera quand cette œuvre colossale sera achevée.

ner aux choses des noms trop pompeux, surtout à celles où ils excellent le moins. Dans ce pays, où ce qui manque surtout, c'est la haute culture littéraire, il y a beau-

Paysage des environs de Cincinnati.

coup d'académies, mais on appelle ainsi des écoles et des collèges, tandis qu'un muséum est souvent une collection de bric-à-brac où l'on donne des représentations dans lesquelles figurent des faiseurs de tours ou des funambules. Il y a à Cincinnati un muséum. Ce muséum renferme, il est vrai, outre mille objets insignifiants, quelques antiquités curieuses déterrées dans les tertres dont je parlerai bientôt. J'y ai vu même une petite figure égyptienne qu'on dit avoir été trouvée sur une des pyramides mexicaines, ce qui serait très-curieux si c'était vrai, mais ce que je n'hésite pas à déclarer impossible. Malheureusement, dans ce muséum se voit aussi une exhibition grotesque et parfaitement ridicule. C'est un squelette auquel on fait faire des contorsions; un lion empaillé que l'on tire par des ficelles hors de sa grotte, tandis qu'un homme caché pousse des hurlements ; le chien Cerbère qui aboie ; un serpent empaillé qui paraît ramper, et autres momeries bonnes à faire rire les matelots et pleurer les enfants. Eh bien, ce fut à arranger tout ce spectacle de la foire que dut employer son talent naissant le jeune Powers. Heureusement, dans cette ville industrielle se trouvait un riche particulier, M. Longworth. Celui-ci comprit que ce talent pouvait être bon à autre chose. Un citoyen fit encore cette fois ce que font en Europe les gouvernements : il envoya à ses frais M. Powers étudier à Rome pendant plusieurs années. Ce même M. Longworth a donné le terrain sur lequel un observatoire a été bâti, comme on dit ici, par le peuple, c'est-à-dire par les souscriptions volontaires des citoyens. Il y a aussi une société astronomique à Cincinnati. La composition de cette société est curieuse : on y compte 25 médecins, 33 avocats, 39 épiciers en gros, 15 épiciers en détail, 5 ministres, 16 marchands de porcs, 23 charpentiers et menuisiers. Évidemment les membres de cette société ne feront pas de grandes découvertes astronomiques, mais ils contribuent de leur bourse à l'étude de l'astronomie. Le docteur Locke, de Cincinnati, a concouru plus directement à l'avancement de la science par son horloge électrique, qui, combinée avec le télégraphe électrique, a fourni un moyen plus parfait de déterminer les longitudes, et à propos de laquelle le célèbre directeur de l'Observatoire de Washington, M. Maury, a pu dire dans son rapport officiel : « Ce problème, qui avait tourmenté les astronomes et les navigateurs durant des siècles, a été réduit pratiquement, par la sagacité américaine, à la forme et à la méthode la plus simple et la plus exacte. Maintenant, grâce à ce procédé, les longitudes peuvent être déterminées en une nuit avec beaucoup plus d'exactitude qu'elles n'auraient pu l'être par des années d'observation d'après toutes les méthodes employées jusqu'ici. »

Je m'informe des moyens à prendre pour voir les antiquités de la vallée de l'Ohio. On m'assure que dans la petite ville de Chilicothe je trouverai M. Davies, qui a publié un ouvrage important sur ce sujet. J'hésite à faire cette course, qui me jette hors de la ligne des chemins de fer; mais me sentant un peu mieux, je me décide à m'arrêter à Columbus, chef-lieu politique de l'État, et à me rendre de là comme je pourrai à Chilicothe.

CHAPITRE XVII

Le chef-lieu de l'État de l'Ohio. — De l'architecture aux États-Unis. Instruction populaire.

22 septembre, Columbus.

Aux États-Unis, le gouvernement ne réside presque jamais dans la ville principale de l'État. Ainsi ce n'est point à Cincinnati qu'est la capitale de l'État de l'Ohio, c'est à Columbus, dont la population est à peu près douze fois moins nombreuse que celle de Cincinnati. Il est sage de placer ainsi le pouvoir exécutif et les assemblées délibérantes hors des grands centres de population. Le gouvernement fédéral réside non dans une des vastes cités ou dans un des grands États de l'Union, mais dans le petit district de Columbia et dans la ville de Washington, qui ne compte que 40,000 âmes. A Columbus, la ville n'est guère qu'une rue, mais longue d'un quart de lieue et large comme la rue de la

Paix. Au bout, on trouve la forêt. A droite et à gauche, il y a bien d'autres rues ; mais les maisons y sont en général petites et encore clair-semées, comme dans un village. Au milieu de ce village s'élève un monument immense qui sera le capitole, image de cette société où l'individu est petit, où la communauté est grande.

Partout, dans les rues agrestes de Columbus, on entend retentir les marteaux et crier la poulie. On a le spectacle d'une ville qui s'élève. On pourrait dire comme Virgile quand il décrit les commencements de Carthage naissant à la parole de Didon :

> Instant ardentes Tyrii ; pars ducere muros
> Molirique arcem et manibus subvolvere saxa.

Mais ici Didon, c'est l'État de l'Ohio.

Je ne sais ce que sera le capitole de Columbus. Ce que j'ai vu jusqu'à présent de l'architecture aux États-Unis ne m'a pas charmé, excepté les grands travaux d'utilité publique, comme les réservoirs de Boston, qui sont construits avec une simplicité et une solidité vraiment romaines. Je n'ai pas encore visité ceux de New-York. Les Américains vont comme nous de l'antique au gothique, non-seulement pour les églises, mais pour les douanes, les banques, les colléges : leur antique ne vaut pas celui de la Bourse ou de la Madeleine ; ils ne savent pas faire le gothique comme les Anglais, qui parfois le font très-bien, et, quand ils veulent imaginer du nouveau, ils tombent dans le baroque. Si la sculpture me semble l'art dont ils se tirent le mieux, je trouve que l'architecture est celui où ils brillent le moins. Je crois que le même principe rend compte de leur succès dans l'un de ces arts et de leur insuccès dans l'autre. Si la sculpture est un art sans rapport avec les mœurs modernes, un art où l'imitation de l'antique domine encore plus aujourd'hui que l'imitation de la nature, et si par conséquent il n'y a pas de raison pour qu'on n'y excelle pas dans un pays aussi bien que dans un autre, l'architecture est, au contraire, un art essentiellement lié à la vie réelle, aux habitudes, aux nécessités de la société au sein de laquelle il se produit.

Combiner les lois du beau avec la destination d'un édifice, c'est le problème que doit résoudre l'architecte. Il faut donc créer de nouvelles formes pour les approprier à de nouveaux besoins. Or, c'est là le difficile ; en

Europe même, on y est rarement parvenu : il est encore plus malaisé d'atteindre à ce but dans un pays où, au milieu de la préoccupation incessante et impérieuse de l'utile, le sentiment du beau n'a pas encore eu le temps de se développer assez pour marcher sans guide, et où, en ce qui concerne l'architecture usuelle, on n'a aucun type qu'on puisse copier dans l'antiquité ou le moyen âge. En se soumettant aux conditions imposées par le temps, il faut trouver le beau et le combiner avec l'utile. On s'attend peut-être qu'aux États-Unis l'utile doit être la loi de l'architecture, que les architectes y seront les disciples de cette école qui compte des adeptes parmi nous, et dont M. Durand a exposé les principes avec tant de confiance, donnant un plan de Saint-Pierre refait d'après son système, et, pour démontrer ce système, donnant aussi le chiffre précis des millions et des hommes qui eussent été épargnés, si on l'eût suivi au seizième siècle ; car, selon cet auteur, on eût évité ainsi le protestantisme et par suite les guerres de religion, dont, comme chacun sait, les indulgences vendues par le pape pour aider à la construction de Saint-Pierre ont été la seule cause. Les Américains, tout *utilitaires* qu'ils sont, ne poussent pas si loin le fanatisme de l'utile. Les défauts de leur architecture ne viennent pas de là. Loin de subordonner tout dans cet art à des conditions d'utilité et de s'interdire les recherches du beau, ils le cherchent, mais malheureusement, mal inspirés, ils ne le rencontrent presque jamais. Ils ont aussi très-souvent l'ambition de l'originalité, de la nouveauté; or l'architecture est celui de tous les arts où, sauf certaines époques extraordinaires, il est le plus rare d'inventer; ils s'imaginent y parvenir en mêlant de la manière la moins heureuse les différents styles d'architecture et en y mêlant aussi des ornements de leur fantaisie, le tout en général sans nul égard pour la destination du monument qu'ils construisent. Ces réflexions m'étaient suggérées aujourd'hui par un singulier édifice qui s'est présenté à moi dans une rue de Columbus. Cet édifice est construit en brique avec une grande tour hexagone, une foule de tourelles, des portes et des fenêtres en marbre blanc, ayant un faux air, très-faux, il est vrai, de l'Alhambra. J'ai demandé quel pouvait être cet étrange bâtiment à un passant, qui m'a répondu en souriant d'un air assez satisfait : « *C'est comme un châ-*

teau. » — Ce château bizarre est une *école de médecine*.

Voici qui vaut mieux que cette construction féodale en l'honneur d'Hippocrate. Je lis dans le journal de Scioto, petite ville de 11,000 âmes, que 1,000 ouvrières y suivent un cours de chimie, assises parmi les filles et les femmes de bourgeois et en tricotant. Ceci est encore au delà de ce que j'ai souvent vu avec admiration au Conservatoire des arts et métiers à Paris : des familles d'ouvriers venant assister aux cours de M. Pouillet, dont le merveilleux talent de professeur est perdu désormais pour tout le monde. 1,000 ouvrières dans une ville de 11,000 âmes suivre un cours de chimie en faisant des bas ! il faut venir aux États-Unis pour trouver un pareil amour de l'instruction dans le peuple.

CHAPITRE XVIII

Monuments d'un peuple inconnu. — Les Allemands aux États-Unis.
Un coin de la forêt primitive.

23 septembre, Chilicothe.

Pour aller de Colombus à Chilicothe, on prend une diligence. Je suis bien aise de savoir par expérience comment l'on voyage aux États-Unis autrement qu'en chemin de fer, ne serait-ce que pour mieux sentir les bienfaits et être plus indulgent aux inconvénients de ce mode de transport. La diligence que je prends est assez propre à le faire valoir et à le faire regretter. C'est un véhicule mal fermé par des rideaux de cuir. La route est mauvaise et les cahotements très-rudes. J'admire plus que je ne les envie ceux qui ont parcouru ce pays avant l'établissement des chemins de fer. Il y a vingt ans, on ne voyageait pas autrement que je n'ai voyagé cette nuit. Cette incommodité tombe pour moi assez mal en ce moment, où j'aurais besoin de repos; mais il faut bien aller à Chilicothe, où j'espère trouver des monuments indiens et la collection d'antiquités de M. Davies.

Malheureusement pour moi, M. Davies est à New-York. Je m'adresse à son beau-père, qui, avec une politesse parfaite et un empressement très-aimable, me prête le livre de son gendre pour m'orienter dans mes recherches, et me met en rapport avec un jeune médecin allemand au fait des localités environnantes, et qui a plusieurs fois accompagné M. Davies dans ses excursions archéologiques. M. Rominger, à qui je procure le plaisir de parler allemand et de parler de l'Allemagne, me reçoit avec beaucoup de cordialité et m'emmène dans son cabriolet visiter plusieurs de ces grands tertres et de ces vastes travaux de défense qui attestent l'existence d'une population plus nombreuse et d'une race plus puissante que celles qu'on a rencontrées dans la portion de l'Amérique du Nord occupée aujourd'hui par les États-Unis. Sur une immense étendue, depuis les grands lacs jusqu'au delà du Mississipi, on a trouvé des fortifications en terre fort considérables et des tertres contenant une classe d'antiquités d'un caractère tout particulier, et qui ne ressemble à aucune autre. Je n'ai vu encore, dans les collections de Cincinnati, qu'un petit nombre de ces antiquités, des poteries, des figures d'animaux remarquablement sculptées, etc., et je remets, pour en parler, à l'époque où j'aurai visité la collection de M. Davies, qui est comme lui à New-York. Quant aux tertres et aux enceintes, dont les unes paraissent avoir été des enceintes religieuses, et les autres étaient certainement des fortifications, j'en ai vu plusieurs aux environs de Chilicothe : elles sont quadrangulaires ou circulaires, et forment toujours des cercles et des carrés parfaits. Il est de ces enceintes carrées qui ont plus de mille pieds sur chaque côté[1]. Celles qui ont été construites dans un but de défense sont entourées d'un fossé extérieur. Le rempart qui est en dedans du fossé est le plus souvent en terre. Cependant on a trouvé aussi des murs composés de pierres, et quelquefois ces pierres paraissent avoir été apportées d'assez loin[2]. Ce sont

1. *Ancient Monuments of the Valley of Missisipi*, by Davies and Squiers, 31, 40.

2. *Ibid.*, II, 23

des travaux considérables qui supposent une population trop abondante pour avoir pu vivre autrement que par l'agriculture ; et que les races faibles et rares découvertes par les premiers explorateurs de ces contrées n'auraient pu exécuter. De plus, il est certain que ces constructions et les tertres artificiels qui les accompagnent remontent à une époque plus ancienne. Quelques-uns des arbres qui les couvraient ont été coupés, et, en comptant les couches annuelles des troncs, on a reconnu que plusieurs d'entre eux étaient âgés d'au moins huit cents ans[1]. Comme ces arbres n'étaient probablement pas nés sur le dernier en date de ces monuments, on peut sans exagération donner à ceux-ci un millier d'années, et par conséquent une origine bien antérieure à la découverte de l'Amérique. Les enceintes que j'ai vues étaient carrées ou rondes ; mais il existe dans d'autres parties de la vallée de l'Ohio des élévations en terre auxquelles on a donné la forme d'animaux. L'une d'elles représente un grand serpent de cent cinquante pieds de long avec un œuf au-devant de sa tête

1. Lyell, *Travels in America*, t. II, 29.

Cette figure est d'autant plus curieuse, que quelque chose de semblable se voyait en Angleterre auprès du fameux monument de Stone-Henge, dans la plaine de Salisbury. En rapprochant de ces faits le rôle que le serpent a joué dans les anciennes religions de l'Orient, M. Squiers, collaborateur de M. Davies, a formé un système historique sur le culte du serpent. M. Squiers me paraît confondre, comme beaucoup d'autres auteurs de systèmes mythologiques, des choses entièrement différentes. Les faits en eux-mêmes n'en sont pas moins curieux et les rapprochements moins singuliers.

Mais, à part tous ces rapprochements, il demeure établi qu'une classe de monuments tous de même origine, renfermant des antiquités de même sorte, s'étend sur un espace de plusieurs centaines de lieues dans l'ouest des États-Unis, atteste la présence, dans cette immense région, d'une race supérieure à toutes les races indiennes de ces contrées et remonte à une époque antérieure d'au moins six cents ans à la découverte de l'Amérique. Cette race a entièrement disparu et n'a laissé d'autres vestiges d'elle-même que ces monuments gigantesques, pareille à ces oiseaux et à ces lézards dont l'espèce est perdue et dont l'existence n'est attestée que par les empreintes de leurs pas sur le sable humide qui les a gardées. On ne sait pas le nom de ce peuple, et on est obligé de désigner ceux qui ont élevé ces tertres et construit ces remparts par l'appellation de *bâtisseurs de tertres* (*mound-builders*). Chose assez remarquable! on ne trouve aucun signe de la présence de ces populations inconnues à l'est des Alleghanis, chaîne de montagnes qu'évidemment elles n'ont pas traversée. Ainsi on peut faire, en quelque sorte, la carte des régions qu'elles ont occupées. Cette carte a été tracée par M. Davies, qui, sans appui, a considérablement avancé l'étude des antiquités de l'Ohio et duquel date une nouvelle ère dans ces recherches. Il serait bien à désirer qu'un gouvernement européen voulût envoyer une expédition à la recherche de ces antiquités sur les points nombreux où elles existent. Guidé par la carte de M. Davies, on pourrait faire des fouilles à coup sûr.

J'ai pris à Chilicothe des renseignements précis; on trouverait toutes les directions désirables auprès d'un négociant distingué de cette ville, M. Clemensen. Le travail des fouilles reviendrait à cinq francs par jour pour chaque homme. Il faudrait se hâter, car chaque jour tertres, enceintes, fortifications, disparaissent sous

Poste d'Indiens des prairies.

la charrue du défricheur. Dans vingt ans, il ne subsistera peut-être rien de ce passé inconnu. Ne serait-il pas désirable de sauver de la destruction les débris de ce qu'on peut appeler une civilisation relative qui semble avoir été intermédiaire entre la culture plus avancée des peuples du Mexique et la barbarie des sauvages ? On ne peut faire que des conjectures sur la race puissante qui a construit des retranchements et élevé des autels et des tombeaux dans toute la région de l'ouest. Les Indiens des prairies disent que cette race est antérieure à leurs traditions ; ils les attribuent au *grand Manitou.* Heckenwelder, missionnaire morave, qui a beaucoup vécu au milieu des sauvages, parle d'un peuple qu'il appelle Talligewi ou Alligewi, et qui, dit-il, habitait à l'est du Mississipi et sur les rives de l'Ohio [1]. « Ces hommes, ajoute Heckenwelder, qui ont bâti les fortifications et les retranchements qui subsistent encore, étaient remarquablement grands et forts, et quelques-uns avaient la taille et la vigueur des géants. » Il semble que ce soit là une tradition indienne recueillie par le missionnaire morave ; mais elle n'a probablement pas beaucoup d'importance, parce qu'il est naturel que les sauvages aient supposé l'existence d'un peuple de géants pour expliquer la présence de mo-

1. Les Delawares prétendaient avoir autrefois vaincu ce peuple et l'avoir contraint de fuir vers le Mississipi.

numents dont ils ignoraient l'origine, et qu'après avoir imaginé ce peuple de géants ils aient fait à leurs ancêtres l'honneur d'en triompher.

Quand on voit ces monuments singuliers s'avancer des bords du Saint-Laurent jusqu'au Mexique, on ne peut se défendre d'une conjecture qui se présente naturellement. Le peuple inconnu qui les a construits, n'est-ce pas ce peuple que les peintures mexicaines montrent marchant du nord au sud, et dans lesquels on est porté à voir une émigration asiatique entrant en Amérique par l'extrémité septentrionale de ce continent ? Il y a une certaine analogie entre les ouvrages défensifs du peuple inconnu et ceux des Mexicains[1], entre les pyramides tronquées, et quelquefois à degrés, de la vallée de l'Ohio ou du Mississipi, et les *téocallis* mexicains. Les monuments que j'ai visités et leurs analogues seraient les premiers efforts d'une civilisation encore imparfaite qui se serait développée plus complétement sur le plateau du Mexique. On s'expliquerait ainsi la présence du peuple sans nom dans ces contrées à une époque ancienne et sa disparition.

1. *Ancient Monuments of the Valley of Mississipi*, p. 18, 45.

Peut-être faut-il attribuer à ce peuple disparu de la surface de la terre certaines traces de demi-civilisation, comme ces anciennes cultures qui semblent avoir été abandonnées, et qu'on a suivies sur un espace de cinquante lieues à travers la *prairie*, depuis la source du Wabash jusqu'à la vallée de la grande rivière du Michigan, et surtout ces vestiges d'exploitation du cuivre près du lac Supérieur, qui semblent antérieurs à l'arrivée des blancs, et sur lesquels un observateur, qui paraît exact et qui les visita en 1849, a donné de curieux détails. Il a trouvé de vastes tranchées larges de 10 à 15 pieds et d'une profondeur qui varie de 5 à 25 pieds, un pilier naturel ménagé dans l'épaisseur du terrain pour soutenir le toit, comme cela se pratique dans les mines de houille, enfin une masse de cuivre natif reposant sur un treillis de bois, et que les anciens mineurs avaient essayé de soulever au moyen de coins, mais qu'ils avaient été obligés d'abandonner à cause de son grand poids, qui était de douze mille livres environ. Tout à l'entour, des monceaux de charbon et de cendre témoignaient de l'emploi du feu. Un rocher très-dur avait été ouvert sur une ligne longue de plusieurs milles. Ce qui prouve l'antiquité de ces travaux, c'est l'absence d'instruments en métal et au contraire la grande quantité de

Mine de cuivre.

marteaux de pierre trouvés çà et là, enfin la présence au-dessus de la masse de cuivre d'un arbre dont les racines la recouvraient entièrement, et qui, d'après le nombre des anneaux concentriques de son tronc, ne pouvait avoir moins de deux cent quatre-vingt-dix ans, — ce qui prouve que les travaux étaient déjà abandonnés à une époque bien antérieure aux premiers établissements européens près du lac Supérieur.

Ces traces d'une agriculture étendue, ces exploitations de mines qui surpassent si fort ce que peuvent exécuter les peuples sauvages tels qu'on les a trouvés dans les forêts de l'Amérique, rapprochées des grands travaux de défense et des objets travaillés avec un certain art recueillis dans les tertres qui avoisinent ces travaux, n'indiquent-elles pas l'existence d'une population plus nombreuse et moins barbare? Cette race entièrement détruite n'offre-t-elle pas un mystère historique d'un intérêt extraordinaire? Enfin n'aurait-elle point communiqué aux tribus errantes qui lui ont survécu, peut-être après l'avoir anéantie, quelques idées de religion pure et de morale assez haute qui contrastent bizarrement avec leurs sentiments féroces et leurs superstitions grossières, comme elle a laissé dans leurs déserts des vestiges d'une société plus avancée et d'un art moins imparfait? Tout cela vaut la peine qu'elle s'en occupe, et, bien que ma course à Chilicothe eût surtout pour but de visiter la collection d'antiquités américaines rassemblées par M. Davies et que je ne verrai qu'à New-York, je ne regarderais pas ma fatigue comme perdue, si j'inspirais la pensée d'une exploration facile, peu coûteuse, dont les résultats seraient à peu près certains, et qui pourrait achever de faire entrer un élément entièrement nouveau dans l'histoire du genre humain.

Tout en m'occupant des générations ignorées qui ont élevé les curieux monuments de Chilicothe, je découvre ce qu'il y a encore d'arriéré dans une petite ville de l'ouest, comme j'ai appris à connaître dans la maison du beau-père de M. Davies ce qui s'y rencontre aussi de politesse et de prévenance.

On m'assure que le gros des habitants n'a aucun respect pour le savoir. Ils ne peuvent se figurer qu'un médecin quitte l'Europe, s'il a quelque valeur; ils sont souvent dupes d'un charlatan qui a l'avantage d'être Américain. On m'a montré une maison neuve en me disant : C'est la propriété d'un peintre en bâtiment qui s'est avisé de devenir médecin et qui a fait fortune.

Un des plus grands intérêts d'un voyage aux États-Unis, c'est le spectacle des destinées et des caractères que les circonstances ont jetés sur cette terre ouverte à tous les genres d'entreprises. M. Rominger, qui a bien voulu me servir de guide, était venu en Amérique pour y faire des études géologiques; mais il a été amené à ajourner ses plans et à en préparer l'exécution en se livrant pendant quelques années à la pratique de la médecine, et il s'est arrêté à Chilicothe. Il m'invite à entrer dans sa maison pour voir sa curieuse collection de coquilles de l'Ohio et goûter le vin de Catawba, le champagne américain[1], dont la saveur est encore un peu sauvage, mais qu'on pourra perfectionner. Là, sur des tablettes, je trouve les *Animaux fossiles* de Cuvier, la *Chimie* de Berzélius, des livres de géologie et aussi des poëtes, Gray, Shakspeare, et par hasard un crâne humain au-dessus des œuvres de lord Byron.

Je ne crois pas qu'il y ait sous le soleil deux natures

1. Il y a maintenant plus de treize cents acres de vignes dans la vallée de l'Ohio. Le principal propriétaire de ces vignobles a fait venir de Paris un homme exercé à la préparation du vin de Champagne. Il en vend cent mille bouteilles par an.

d'hommes plus différentes que l'Yankee et l'Allemand : l'un tout pratique, tout positif, homme d'action, d'énergie, presque toujours avec un but matériel; l'autre tout intellectuel, tout idéal, homme de spéculation, parfois de rêverie, vivant pour la science et par la pensée. Il n'est pas surprenant que ces deux peuples si différents, bien qu'ils soient l'un et l'autre d'origine germanique, aient beaucoup de peine à s'entendre et à se convenir réciproquement. Cependant la population des États-Unis reçoit chaque année une forte couche de population allemande. Les Allemands comptent maintenant dans l'Union par millions[1], et lui fournissent une classe en général très-laborieuse et très-respectable d'agriculteurs. Celle-ci a moins de peine à se fondre dans la nationalité américaine que les lettrés, et encore remarque-t-on que les émigrants allemands s'agrégent volontiers en associations particulières et conservent assez longtemps leur langage et leurs mœurs. C'est surtout dans les villes que la séparation et l'antipathie subsistent. Je lisais

1. Cette année, l'émigration allemande a égalé en nombre l'émigration irlandaise : toutes ont importé environ cent vingt mille hommes sur le sol américain.

l'autre jour dans un journal qu'à New-York une troupe de ces bandits qu'on appelle des *rowdies*, et qui remplissent de désordre et de violences pas assez réprimées les quartiers peu fréquentés de cette ville, avait, il y a quelque temps, juré haine aux Allemands et en a tué plusieurs.

En cherchant des antiquités, j'ai rencontré un petit coin de forêt qui, plus qu'aucun autre lieu que j'aie vu jusqu'ici, m'a donné le sentiment de cette beauté tranquille et sauvage qui est celle des forêts primitives; les arbres qui croissent sur les tertres n'ont pas été abattus, et autour de ces arbres droits et magnifiques serpentent et s'enlacent en lianes ligneuses des vignes vierges de cinquante pieds de hauteur. Quand je cesse de marcher, le silence est complet autour de moi. A quelques pas coulent à travers la forêt, comme enfoncées entre deux grands espaces de verdure, les eaux vertes elles-mêmes du Scioto. Ce fleuve sans bruit et comme sans rives semble perdu dans la solitude; on dirait qu'il dort et qu'il rêve.

Ce coin de forêt est bien un reste de la forêt primitive, la hache n'a jamais frappé les arbres autour desquels s'enroulent les lianes et les vignes sauvages; mais l'homme, qui ne l'a pas encore cultivé, en a déjà pris possession; il l'a entouré d'une barrière qu'il a fallu escalader pour pénétrer dans cette solitude. Un groupe remarquable de M. Greenough, statuaire américain, représente la race anglo-saxonne contenant et désarmant la race indienne; de même ici la civilisation étreint, pour ainsi dire, le désert qu'elle va faire disparaître.

Je dois aux antiquités de l'Ohio d'avoir joui comme je ne l'avais pas fait encore de ce charme silencieux des eaux et des forêts américaines. Le pays est ravissant : partout on aperçoit des montagnes arrondies couvertes de belles forêts, en ce moment parées de toutes les splendeurs de l'automne. Nulle part dans le monde, les teintes du feuillage en cette saison ne sont vives et variées comme dans l'Amérique du Nord; la diversité des arbres dans les forêts est très-grande, et plusieurs de ces arbres se teignent en automne des couleurs les plus brillantes : le rouge sanglant, l'orangé, le brun doré, y éclatent à côté l'un de l'autre au milieu d'une verdure tantôt sombre, tantôt claire. Le regard est vraiment ébloui de cet arc-en-ciel de la végétation, il n'en est pas toujours complétement satisfait. Quelquefois ces tons si vifs ne sont pas harmonieusement fondus et crient, mais par moments on rencontre, au contraire, les combinaisons les plus harmonieuses, en même temps que les plus éclatantes. Alors c'est un spectacle qui, je crois, n'a point son pareil dans un autre pays, et, pour emprunter les expressions d'un poëte américain, « les teintes que déploient les bois d'érable sont comme le bouton qui s'ouvre ou la rose qui pâlit, ou variées comme les couleurs des nuages au coucher du soleil. »

TABLE DES MATIÈRES

CHAPITRE PREMIER

CHAPITRE II

CHAPITRE III

CHAPITRE IV

CHAPITRE V

CHAPITRE VI

CHAPITRE VII

CHAPITRE VIII

CHAPITRE IX

CHAPITRE X

CHAPITRE XI

CHAPITRE XII

CHAPITRE XIII

CHAPITRE XIV

CHAPITRE XV

CHAPITRE XVI

CHAPITRE XVII

CHAPITRE XVIII

IMPRIMERIE EUGÈNE HEUTTE ET Cie, A SAINT-GERMAIN.

www.ingramcontent.com/pod-product-compliance
Ingram Content Group UK Ltd.
Pitfield, Milton Keynes, MK11 3LW, UK
UKHW020304230726
13925UKWH00001B/218

9 782013 419314